台風

全球擴散ING！
台式潮流正式來襲

帶你用心感受最道地的台味，
世界唯一的台灣

林聞凱——著

推薦序

以時空旅人之眼凝視家鄉

聞凱是我三十年前中正高中的學生，記得上課時他總是安安靜靜地坐著，不太引人注意，但一打開他的作文簿，他卻立刻化身為吸睛的魔術師，用文字創造一幕幕讓人驚呼連連的表演，讓我沉醉其中。幾十年的悠長歲月，聞凱在各專業領域間悠遊，同時保持著理性與專注，而這份冷靜與客觀，竟逐漸轉成一道道認識自我的微光，並藉由這些微光的指引，他找到一條更契合內心呼喚的新道路，並迸出熱情的火花。

成為旅行導遊後，聞凱開始用足跡實現人文探索的夢想，他方的人文地景開拓了他的眼界，也豐富了他的思考。接著，他開始用這個多元寬闊的旅人之眼，重新凝視這個像呼吸一樣自然的家鄉。旅人之眼帶來的陌生與距離，讓他重新面對家鄉的地景時，產生更豐富的意義。

於是「費玉清的晚安曲」在旅人之眼的導覽下，不再只是一種習以為常的生活儀式，而是一種讓人可以沉醉，可以懷念，可以感受生活美好的聲音。這個聲音帶領我們回味過去，並在駐足停留的片刻，享受那種清風拂面，所曾擁有的簡單、喜悅與滿足。

我想四、五、六年級生，在聞凱旅人之眼的帶領下，可以從宛若剪影的回憶中，享受故人重逢的喜悅。而七、八、九年級生，在熟悉的聲光世界中，乍見這位面容素樸的陌生人，或許也能在剎那的靜默中，嗅觸到一種彷彿並非全然陌生的清新。於是，所有的人都願意跟隨著這位旅人導覽的小旗，安靜的聆聽他一個個關於家鄉的故事，並讓故事帶來的驚喜，豐富他們對家鄉日漸貧乏的想像。

在書的字裡行間，我與過去那位清秀沉默的小男孩產生了新的連結，重新回味小男孩過去在作文簿裡創造的魔術奇蹟。帶著喜悅與驚奇，相信他在書中為我們所導覽的台灣人文地景，會讓每個台灣人都覺得「對啊！這就是專屬我們的台味」，不多不少，恰到好處。

國立臺灣師範大學國文系退休教授
鄭圓鈴　二〇二二年九月

作者序

個人在台北出生長大，到高雄讀大學、左營當兵，是正港在地在台灣生活了五十年的台灣人。這幾年出國帶團，看了很多異國風光，反思故鄉台灣的情況，發現很多台灣獨有的特色。雖然隨著時代的潮流在演變，很多東西也許一去不復返，但這些事物，承載著我們對台灣的在地回憶。

相信長年在國外工作、旅行的台灣人，難免都會懷念起台灣的食物，念念不忘的家鄉「台灣」，指的到底是什麼？是人情味？是好山好水？到底什麼可以代表台灣？台灣味、台灣的靈魂美食又是什麼？

台灣人民教育程度高、素質高、夠勤勞、所得高；到處都有醫院，全民健保，讓看病很方便；有人情味；有閩南人、客家人、外省人、原住民、新住民，我們大家都是台灣人。

人民很大，根本不怕警察；可以罵總統、嗆縣長；官做不好，下次換掉；有立法委員、議員、媒體、名嘴監督政府；人民當家、民主自由、治安良好；有社會賢達，促進工商民生；人人安居樂業，工作有錢賺。

雖是島國，但有山有水，適合居住、旅遊；有山中的溫泉、有比基尼女郎的海灘；保留中華傳統、兼具文化創新；在地美食多，豐富的小吃文化，又是水果王國；「山不在高、有仙則名！水不在深、有龍則靈！」就是台灣的最佳註解！

感謝恩師鄭圓鈴教授三十幾年來的教誨，至今仍歷久彌新；感謝母校中山大學海工系教授們的指導；二十幾年同窗情誼，研究所及大學同學的推薦與協助。以及感謝本書完成的過程中，給予幫忙的每一位貴人，因為你們促成本書的問世。

將本書獻給我的父母、祖父母；獻給這塊美麗台灣寶島；獻給居住在此土地上、以及所有關心台灣的人！

林聞凱　二〇二二年八月十一日

於台灣新北市土城

目錄

第一章——聽見台灣的聲音

第二章——Taiwan No.1、世界看見台灣

第三章——食在台灣

第四章——台灣人的生活日常

目錄

第五章 台灣特殊文化

第六章——如何分辨出台灣人

目錄

第七章 教你講台語，台灣人如是說

第八章

有趣的台灣流行文化

目錄

第一章

聽見台灣的聲音

THE SOUNDS OF TAIWAN

01

叫賣車：「磨剪刀、磨菜刀！」

許多台灣人一定都不陌生，過去常看到小貨車穿梭街頭巷尾，耳裡聽見「修理紗窗、紗門、換玻璃！」的廣播強力放送，相信這魔性的七個字，一定會勾起你許多往日情懷。富有台灣味的叫賣聲，是屬於台灣人的集體回憶！許多維修師傅會開著小車，播放著固定的錄音，在社區內來回兜轉，需要的人就會下樓請師傅幫忙維修。

當時，類似這樣「到府服務」的叫賣小貨車有很多，最經典的有「磨剪刀、磨菜刀！」、「土窯雞，厚呷ㄟ土窯雞來囉！」台語、國語交互播放，小貨車在巷弄裡慢慢地行駛，師傅一邊播放聲音招攬生意。在那個年代，這些都是存在我們記憶中、陪伴我們長大的「台灣聲音」！

台灣早就有到府服務，堪稱是最早的「服務胖達」！師傅開著小貨車，載著各種規格和顏色的紗窗線、各種尺寸的玻璃、鎖頭和工具，只要住戶在路邊攔住車子，或是在陽台上大喊一聲，師傅就會停車，從車斗翻找出工具和材料，到府維修。台灣最早的「服務胖達」、傳統的貨車叫賣也許漸漸式微，但卻一直存在你我心中！

這樣的印象大概是我國中、國小的時候，在下午時分，不遠處會傳來一陣陣「磨剪刀、磨菜刀！」的廣播聲，那個聲音忽遠忽近，像個飄忽的幽靈，穿梭在巷子的角落，到了我家樓下是最大聲，然後就又再飄忽遠去。

又或許變成是「土窯雞，厚呷ㄟ土窯雞來囉！」；還有「燒酒螺！燒酒螺！」、「迪會貴」、「修罵掌」、「臭～豆腐，臭～豆腐」、「蕃薯～蕃薯～營養厚呷ㄟ蕃薯閣來囉」。這些沿街傳來的不同叫賣聲，都是台灣在地人熟悉的聲音，相信依然會迴盪在所有台灣人的腦海中很久很久！

02

汽車會說話：「前方有測速照相！」

二十年前，台灣有一部美國影集「霹靂遊俠」，裡面會說話的霹靂車，總是「老哥、老哥」地叫，相信很多資深的朋友都記得。現在這樣會說話的汽車也出現在台灣街頭！只要碰到特殊情況，汽車就會發出聲音說話，以提醒車主或用路人，成為台灣馬路街頭上的有趣景象。

汽車測速器：「前方有測速照相！」

台灣的馬路上，裝設著許多超速監測器，只要汽車超速違規，就會被喀嚓喀嚓地拍下照片，被拍到可是要繳上九百元以上罰鍰。之後監理單位會寄出罰單，車主就得繳納罰金。

因此許多車主會裝設測速器，以避免不小心超速被拍到。廠商會標示出測速裝置裝設的地點，只要開車經過前二十公尺就會感應到，並發出小姐姐的聲音：「前方有測速照相！前方有測速照相！」來通知車主。這樣車主就可以預先將速度降低至規定速限，不會超速被拍下。

這種測速器，一般以計程車、小貨車比較會裝設，因為他們都在趕時間，常常超速行駛。很多人的經驗是，通常會聽到「喀嚓」一聲，並伴隨一陣白色閃光，才意識到自己被拍到超速了，然後懊悔不已！

汽車GPS導航：「前方向右轉！」

其實汽車會說話的設計很早就有了，只要汽車裝上GPS導航系統，導航系統都會發出聲音來指引車主，按照設定的行駛路線駕駛。遇到前方路口要右轉，就會發出聲音「前方向右轉！前方向右轉！」提醒車主；要左轉，就會發出聲音「前方向左轉！前方向左轉！」幾乎是只差一句「老哥！」活生生的就是現代版霹靂車。

或許幾年後，就會加上更人性化的人聲，不只是用「老哥！」來稱呼車主，甚至連女神林志玲的娃娃音「葛格！」都有，你也不必太驚訝！

大貨車：「車輛向左轉，車輛向左轉，左轉彎請注意安全！」

現在宅配物流業興盛，貨車司機載著滿車的貨品滿街跑，常常發生轉彎不慎擦撞的小車禍，所以許多貨車會裝上聲控設施，在轉彎的時候，除了打方向燈提醒用路人之外，也會放送提示聲音。比如看到貨車左轉燈亮起，接下來貨車就說話了：「車輛向左轉，車輛向左轉，左轉彎請注意安全！」

走在路上，聽見不知哪裡傳來謎樣的女士聲音：「車輛向左轉，車輛向左轉，左轉彎請注意安全！」聲音之大，很難不引起用路人的注意。我就常常在家中聽到這樣的聲音，成功地吸引了旁人的注意力。其實意外地有效用，成功地減少了事故的發生。

台灣時常有大卡車壓死人的事故，尤其許多用路人，不清楚大車轉彎時有死角，轉彎時靠得太近，以致發生事故。建議所有的大卡車、大貨車都裝上類似設備，轉彎時就會：「車輛向左轉，車輛向左轉，左轉彎請注意安全！」的大聲提醒用路人，相信能減少很多意外事故。

也讓人不得不佩服台灣人的創意，實用又有趣！

停車場：「請按鈕取票！」

有些停車場都採用無人收票機設施，車主將車子開到入口處，吐票機小姐就說話了：「請按鈕取票，請按鈕取票！」要等你按了鈕，聲音才會停止。取票後柵欄即升起，即可將車子開進去停車場。有趣的是，如果你不按鈕，它就會一直說：「請按鈕取票，請按鈕取票！」

甚至，要離場的時候，到了自動繳費機前，機器小姐也會提醒你：「請插入票卡！」「請繳費！」指示明確，讓人聽了之後進行動作，也蠻有趣的！

以上種種，就像霹靂車一樣，汽車會發出聲音說話，提醒車主及用路人注意交通狀況；停車場也會叫你取票、繳費。另外你可以發現，這些設施發出的聲音，清一色都是小姐或女士的聲音，因為女性音調較柔和，讓人容易接受，所以普遍都是女性的聲音。在台灣開車上路，雖然都是冰冷的汽車和交通設施，卻到處都有人的聲音，還真是有趣！無疑地，這也是一種另類的台灣聲音！

03

垃圾車竟會播放古典音樂

在台灣生活，有個畫面在世界上也是獨一無二，那就是只要每天時間一到，大街小巷裡就會看到許多民眾走出家門，不約而同地帶著一袋袋垃圾在巷口等候。沒多久，播放著世界名曲——貝多芬「給愛麗絲」的垃圾車即出現，大家依序倒垃圾，這是最在地、最生動的台灣生活模樣！

等垃圾車幾乎是每個台灣人都有的經驗。在台灣，處理家用垃圾是件麻煩的事，除了必須裝在專用垃圾袋之外，還要拎著垃圾到定點等待垃圾車到來，不能隨時想丟就丟。

台灣的垃圾車配上世界古典名曲，除了貝多芬的「給愛麗絲」，還有波蘭作曲家特克拉的「少女的祈禱」。但垃圾車播放古典音樂，竟然也有南北差異！北台灣大部分採用「給愛麗絲」，而南台灣則多採用「少女的祈禱」。那麼究竟為何台灣的垃圾車會播放世界古典名曲呢？

據說，當年的衛生署署長許子秋，聽到女兒練習鋼琴時，所彈奏的貝多芬「給愛麗絲」，而想到若民眾在倒垃圾時，不是只有又臭又麻煩的感覺，若能同時欣賞到古典音樂會更好，因此垃圾車才會播放這個配樂。而「少女的祈禱」，則是當初台灣向德國採購垃圾車時，原先就配有的音樂，因此沿用。

台灣人聽到世界名曲「給愛麗絲」、「少女的祈禱」的音樂，就會自動收拾垃圾，站在巷口等著倒垃圾，對台灣人來說是再平常不過的日常。想不到，這竟然成了台灣的另類特色！這個「台灣的聲音」，也被世界聽到了！日前義大利一個益智節目的考題，問道：「當一台黃色的車，播著貝多芬的給愛麗絲經過，台北的居民會做什麼？」當場考倒了所有參賽者。

據說，在澳洲、美國等某些國家，「少女的祈禱」原是冰淇淋車的音樂，所以有些在台居住的外國人聽見「少女的祈禱」的音樂，會興沖沖地跑出來想買冰淇淋，卻發現是垃圾車，真是有趣。

04

MRT 台北捷運會説話：「請緊握扶手，站穩踏階。」

對喜歡出國旅遊的國人而言，回到台北乘坐MRT捷運，從進站到出站，都會廣播提醒乘客相關訊息，形成一種獨特的魅力，這是「台灣的聲音」！對於長居國外的台灣人，這個悅耳的聲音，在別的國家較稀有，感到特別溫暖和熟悉。台北捷運會說話，常常讓我驚訝又感動！

首先，前往MRT捷運站，搭上進站手扶梯時，手扶梯講話了：「請緊握扶手，站穩踏階。」讓你嚇了一跳，而且還國台語雙聲放送，這是第一個讚嘆！

搭上車時會說：「車門即將關閉。」提醒乘客注意車門要關了，不要被夾手。「西門、西門，往松山新店線轉乘的旅客，請在本站換車。右側開門。」不僅廣播即將到站的站名，連轉乘資訊也一併提醒，很是體貼。加上是以國、英、台、客語，輪流廣播，很用心服務不同族群的乘客。乘客也可趁機學點不同語言，蠻有趣的。

MRT台北捷運總是有許多外國觀光客搭乘，以往車廂內的到站廣播語言分別為中文、英語、台語、客語等四種，二〇一八年九月開始有第五種語言，也就是日語。COVID-19疫情爆發後無法出國，我搭著捷運經過龍山寺站，進站廣播我聽到りゅうさんじ，以為是太久沒去日本，想出國想瘋了而幻聽，多

台幣1萬5千元
板橋
BANQIAO
一月台
新北產業園區

博愛座 Priority Seats

次確認後，才驚覺有日語廣播了，MRT又更進一步了。

大台北地區來台日本旅客多，針對這些遊客，台北捷運在十三個車站，增設日語廣播服務，提升日本遊客旅遊便利性。像台北車站、士林站、東門站、台北101／世貿站、淡水站、西門站、龍山寺站、劍潭站、中正紀念堂站、北投站、新北投站等。在最後會廣播站名，懂日本語的朋友可以仔聆細聽看看。

其實，日語廣播在高雄捷運早就有了，主要轉運站點也都有日語廣播。前幾年我去高雄搭捷運時，也的確親耳聽過，那時就讚嘆高雄捷運的服務周到。這些，都讓人聽見了台灣的聲音！

05

飲水機小姐：「請用溫開水。」

飲水機小姐的聲音你一定很熟悉！辦公室茶水間常常會聽到：「請用溫開水」、「先按解除鎖定，再按熱水」。就連學校、公務機關也常聽到飲水機小姐的聲音。全世界會說話的飲水機，大概只在台灣有了！

飲水機小姐雖然只會講下列幾句話：「請用冰開水」、「請用溫開水」。但是在工作壓力繁重的辦公室裡，竟然有人覺得這兩句話蠻溫柔的；而「先按解除鎖定，再按熱水」，這句沒有加個「請」字感覺有點傲驕，有人也很喜歡。竟然還有網友異想天開的找飲水機小姐當聊天對象，被笑說：「唯一可以跟女生說話的機會」、「邊緣人無誤」，真是有梗。

一般來說，以前台灣的飲水機都有「說話」功能，像是「請用冰開水」、「先按解除鎖定」等等。不過日前調查發現，現在的飲水機似乎都不會說話了。有網友在網路上發問：「為何近期的飲水機都不會說話了？」沒想到鄉民歪樓：「不是不說話，是不跟你說話」、「看你醜，不想跟你說話」、「一例一休工資上漲，請不起妹子了」、「人臉辨識，發現是你，所以不想跟你講話」。有網友則是搬出「小精靈說」，「小精靈在休年假，你急屁啊」、「漲工資請不起小精靈了」、「小精靈罷工」。

台灣人對這個「會說話的飲水機」，普遍覺得是有創意的產品，想「重溫過去的感動」，卻發現周遭的飲水機都已不會說話，個人也希望廠商能再度恢復這個另類的台灣特色——會說話的飲水機小姐。

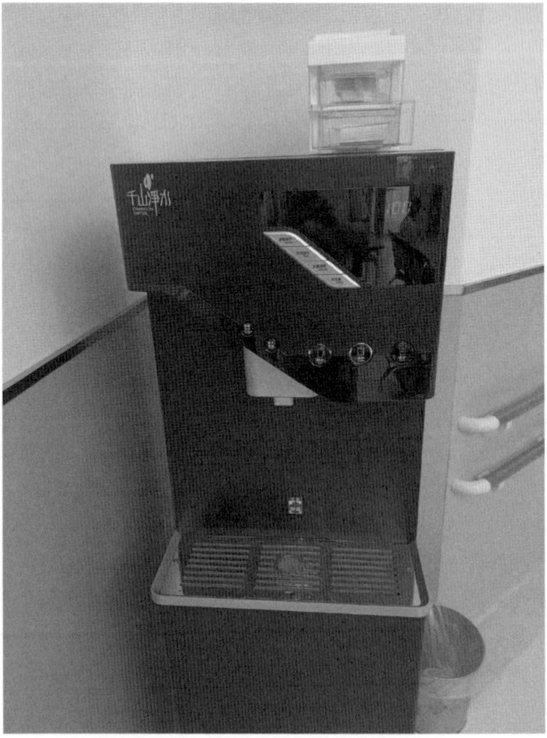

06

銀行櫃檯叫號：「216 號，請到 7 號櫃台辦理，謝謝。」

許多民眾都有到銀行辦事的經驗，一進去都得先抽號碼牌，等到行員叫號再到櫃台辦理。隨著時代進步，現在有了機器來服務，看著螢幕上的號碼跳到你時，銀行就會廣播：「XX號，請到XX號櫃臺辦理，謝謝。」而且國台語雙聲道放送，最後台語的那句「多蝦」，總是讓我會心一笑，不由自主地跟著複誦。

現今，許多服務民眾的機構，如戶政事務所也都有這種設施，這種體貼民眾的便民設施，也形成一種台灣在地的特色！只是似乎大部分的機構都是同一位女士的聲音，讓人不禁懷疑，這位女士也服務太多機構了。

而許多到戶政事務所辦事的民眾，一定常常有這樣的困擾，為了申請個簡單的謄本，常常必須浪費時間在等待上，現在這部份也有進步了！到戶所抽取號碼後，可以先外出去辦理其他的事務，上網即能觀看現行取號進度，在剛好的時間回去辦理就可以了。

這種便民措施，對於不想久候的人來說，只要隨時注意網路叫號進度，就可以掌握什麼時間至戶所。不僅減少等候時間的浪費，也增加辦事的效率，的確給民眾耳目一新的感覺！

這類需要排隊及取號的系統，已應用在很多機構上，如銀行、醫院診所、門市賣場、飯店旅館、大眾運輸、電信業和學校機關，這種「排隊叫號小姐的聲音」，如今也是台灣具有特色的一種聲音！

07

電視廣告最洗腦

在台灣，只要打開電視，就會看到許多電視廣告，詼諧幽默的台詞，搭配上聲音效果，短短幾秒的超洗腦廣告，也是充滿了濃濃的台灣味，讓人回味無窮！廣告要在這麼短的時間內，接地氣、打動人心，除了有朗朗上口的洗腦旋律，還要有簡潔有力的台詞，就能達到效果，而這竟也成了代表台灣的聲音！從以前到現在，超級洗腦的廣告，充滿舊時回憶與時下流行，你記得多少？

鐵牛運功散

有點年紀的朋友，應該都認識阿榮吧？「阿母，你寄來的鐵牛運功散，我收到啊！」當兵中的阿榮，收到了爸媽寄去的鐵牛運功散，雀躍的打電話回家，感謝阿母的愛心。廣告能這麼洗腦，或許也是道出了當時的男人一定要當兵的無奈，「祛鬱悶、透中氣」，需要一吐胸中怨氣啊！

斯斯感冒膠囊

「感冒用斯斯，咳嗽用斯斯，鼻塞鼻炎用斯斯！」簡單的旋律與歌詞，斯斯感冒膠囊，在本土明星的詼諧洗腦地傳頌下流傳多年，被譽為超級成功的感冒藥廣告。堪稱是已逝的綜藝大哥大豬哥亮、以及藝人羅時豐的代表作品，令人難忘。

大同電器

「大同大同服務好，大同產品最可靠！大同電音最好聽，錄放音機最美麗！家家歡喜人人愛，品質優秀最老牌！大同大同國貨好，大同產品最可靠！」這旋律與歌詞，至今我仍能朗朗上口，可見其洗腦威力！在以前的大同電器時代，所有的家電幾乎全部包辦，其中最知名當然就是傳說中的神器「大同電鍋」，能蒸、能煮、超萬能。據說以前留學生出國都要扛一個上飛機，這樣才能隨時吃到台灣的味道！

益可膚

「益可膚，不油油，殺菌好～」這旋律超有中毒性！尤其在二十年前全台瘋中華隊少棒、青棒、成棒的三級國際棒球賽。電視半夜轉播時，就一定會強力放送，就像被催眠般總是跟著唱，想不記得都難！大概是愛運動的人都有皮膚、香港腳的問題吧！

福氣啦

講到「維士比」，台灣人第一個想到的就是「福氣啦！」這句廣告金句，打響這個品牌的，就是國際巨星周潤發！二十幾年前，周潤發幫維士比拍廣告，塑造出台灣本土的形象，深受勞工階層的歡迎，這也是周潤發在台灣唯一的廣告。因為發哥和維士比老闆陳和順的好交情，從一九八七年起，每年都接拍維士比的廣告，發哥也很有心地主動提出拍外景，想為維士比廣告拍出嶄新的風貌。

你累了嗎？

「你累了嗎？」蠻牛透過一系列寫實又幽默的廣告，呈現出台灣民眾的日常，以及市井小民精神不濟時所發生的失誤，讓觀眾看了哈哈大笑。這句經典台詞「你累了嗎？」搭配飲料神奇功效，主角便會誇張的恢復精神。「你累了嗎？」系列廣告，包括《電梯篇》、《成績單篇》、《工地篇》、《電話篇》、《廚師篇》、《刺青篇》等。

維大力，義大利？

維大力廣告也是台灣的經典廣告之一，剛果相聲演員「伊馮」與蔡振南的片段讓人印象深刻。「維大力，義大利？」圍繞在台灣國語的發音上，最後伊馮的一句正港台語「你講啥？」非洲人也會講台語，更是畫龍點睛的一句，無怪乎能成為歷久不衰的廣告金句！這位黑人演員更在台灣定居了超過二十一年，成為台灣首位非裔相聲演員。

乖乖歌

「乖乖鏘鏘鏘，乖乖鏘鏘鏘，營養好吃乖乖，你也愛吃乖乖！」經典的台灣零食乖乖，已經陪伴台灣人度過幾十個年頭，至今仍是長銷商品，甚受台灣人喜愛。許多廠商拜拜時，更是一定要拜上幾箱乖乖，祈求生產線乖乖運作，業務順利進行。其實，每一包乖乖背後都會附上歌詞跟簡譜，讓你可以邊吃邊唱。

08

台灣國語

日前在台灣看到一則有趣的新聞，一名由阿嬤帶大的弟弟，注音全是台灣國語，口音超重。弟弟在學校考卷寫下「媽媽喜歡吃花生ㄏㄛˋㄆㄧˋㄢ」、「爸爸喜歡吃牛ㄌㄜˋㄊㄤ」，而他自己最喜歡吃的早餐則是「ㄏㄡˊ腿蛋吐輸」。引起網友大笑「吼腿蛋吐輸，阿嬤阿公都素這樣唸」、「哈哈哈，笑到美丁美噹，真的是阿嬤帶大的」。

同樣是中文，台灣叫做「國語」，中國叫做「普通話」，新馬地區叫做「華語」。中文在不同地區經過演變後，不論是語音、語法和詞彙，早就產生了差異。台灣融合了豐富多元的族群，原住民、荷蘭人、西班牙人、大清帝國、日本人、外省人、客家人，在語言上也統統留下了痕跡，進而創造出獨一無二的「台灣國語」！

台灣國語，是指帶有明顯閩南腔調和用詞的中華民國國語。討論「台灣國語」的相關文獻有蔡美慧（一九九三年）、曹逢甫（二〇〇〇年）、李正芬（二〇〇六年）以及曹銘宗（一九九三年）等，討論「台灣華語」的則有余伯泉等（一九九九年）、張月琴和石磊（二〇〇〇年）、以及鄭良偉（一九九七年）等；「Taiwan Mandarin」這個語彙可以在Cheng（一九八五年）以及Kubler

（一九七九年）的著作中找到。中央研究院語言學研究所的研究重點中，亦將台灣國語列為主要研究對象之一。台灣國語和台灣的國語兩者不同，亦有臺北腔、臺中腔、臺南腔、東部腔等不同的區別。

首先，很多台灣人講話不捲舌，讓人聽不出來到底想說「老師」還是「老斯」，「熱狗」還是「樂狗」，其實並不是台灣人都不捲舌，只能說捲舌程度不一。除了腔調以外，台灣國語很自然地創造出新的詞彙。比如說「速配」（相稱）、「甲意」（喜歡）、「衰」（倒楣）、「牽手」（妻子）、「老神在在」（氣定神閒）、「嗆聲」（放話）、「搞怪」（狡猾難纏）、「古早」（歷史悠久）、「透早」（大清早）、「三八」（扭捏作態）、「阿西」（笨蛋，源自平埔原住民族語）。

另外，台灣國語吸收了大量日語、西班牙語、荷蘭語，近代則受到英語、韓語和東南亞語言的影響，形成一種獨特的「台灣 style」。

◆如日語：

歐吉桑、歐巴桑（男性長輩、女性長輩）：源自日語：おじさん、おばさん的發音。

便所：廁所

黑輪：源自日語「御田」（おでん）（關東煮）的發音。
便當：源自日語「弁当」（べんとう）的發音。
阿給：源自日語「揚げ」（あげ）的發音。
運將（司機）：源自日語「運ちゃん」的發音。
阿達碼（頭）：源自日語「あたま」的發音。
榻榻米（疊蓆）：源自日語「畳」（たたみ）的發音。
漫畫（連環圖畫）：源自日語「漫画」（まんが）。
奇檬子（感覺、心情）：源自日語「気持ち」（きもち）的發音。

◆日語中的外來語：

秀逗：源自英語 Short，原指短路，引申為頭腦有問題。
麻吉：源自英語 Match，取其相配之意，引申人交情很深。
槓龜：源自英語 Skunk、日語轉音為スコンク，指慘敗、落空、沒中獎。
瓦斯：源自英文 gas。
控固力：源自英語 Concrete（混凝土），「阿達瑪控固力」指腦袋如水泥，腦筋僵化。

馬殺雞：源自法語Massage（按摩）。

三溫暖：源自芬蘭語Sauna（蒸氣浴）。

甜不辣：源自葡萄牙語Tempura，日語為てんぷら，在日本是作為油炸食品的總稱，在臺灣則指魚漿料理。

◆葡萄牙文、西班牙文、荷蘭文：

福爾摩沙：源自葡萄牙語「Ilha Formosa」（美麗之島）的發音。

三貂角：源自西班牙語「San Diego」（聖地牙哥）的發音。

野柳：源自西班牙語「Punto Diablos」（魔鬼岬角）的發音。

富貴角：源自荷蘭語「Hoek」（岬角）的發音。

甲：源自荷蘭語「akker」的發音，台灣的土地面積單位，一甲約合2934坪。

◆英文：

巴士：Bus（公共汽車）

夾克：Jacket

可樂：Cola

優格：Yogurt（酸奶）

歇斯底里：hysteria（癔病）

◆韓文：

歐爸：源自韓語오빠，原意為哥哥，後引申為帥哥。

歐尼、歐膩：源自韓語언니，原意為姐姐，後引申為美女。

09

費玉清的打烊神曲——晚安曲

「讓我們互道一聲晚安，送走這匆匆的一天，值得懷念的請你珍藏，應該忘記的莫再留戀。」「晚安，晚安，再說一聲明天見！」這一首全台灣人無人不知、街知巷聞的打烊神曲，就是費玉清的代表作《晚安曲》，如今重溫特別有往日情懷。

台灣在電視台僅有三台的時代，一九七九年，中視選用這首歌作為每天節目播送完畢後的收播歌曲。大家聽到這首歌，就知道節目要結束了。連帶使得各大百貨公司、餐廳、圖書館要打烊休息前都會播放這首歌，提醒客人要打烊了。費玉清輕柔古典的美聲，成了當時最熟悉的再見神曲，這首歌成為全台灣人的共同回憶！正是這首屬於共同記憶的歌曲及專輯，為費玉清拿下了演唱生涯中唯一的一座金曲獎！

以前電視節目不是二十四小時播出，只有中午播出二小時，以及傍晚六點開播後，再播出到午夜十二點。《晚安曲》是由劉家昌作詞、作曲，直到一九八八年因為劉家昌要求中視支付版權費，中視為規避版稅，才將收播曲改為當時八點檔連續劇的主題曲。

《晚安曲》本來用於電視台收播前的歌曲，一九七九被費玉清公開演唱之後，這首歌就經常被用來作為商家、公家機關打烊前的音樂。當過兵的朋友，對這首歌也不陌生，這首歌也被拿來當作國軍就寢前的播送音樂。因此，《晚安曲》被暱稱為「打烊歌」！

二〇一三年六月二十五日，費玉清在台北國際會議中心舉行個人巡迴演唱會最終場，最後按慣例以《晚安曲》向歌迷道別，結束連續十一年的台灣巡迴演唱會。在中國大陸，《晚安曲》曾經在二〇〇二年到二〇〇九年，被用作中央人民廣播電台音樂之聲，每天零點收播後的收尾曲。現在，《晚安曲》也在中央人民廣播電台的中國之聲，在每晚「晚安曲央廣夜新聞」結束時播出。

本名張彥亭的費玉清是家中么子，姊姊釋恆述（藝名費貞綾）與哥哥張菲都是知名藝人。新人時期的費玉清看起來清秀，穿著中山裝或西裝，演唱《中華民國頌》、《國恩家慶》、《變色的長城》、《送你一把泥土》、《美斯樂》這些歌曲，讓他迅速走紅。成了過去每年「光輝的十月」國慶活動上，必定會一再播放的曲目，連海外華僑也都人人朗朗上口。

第二章

Taiwan No.1、世界看見台灣

TAIWAN NO.1
THE GLORY OF TAIWAN

10

台積電 tsmc

台灣是全球半導體生產重鎮，一場 COVID-19 疫情，打亂了全球的供應鏈，讓台灣的「護國神山」台積電 tsmc 躍上全世界的中心！全球晶圓製造過度依賴台灣，與中國的地緣政治風險也不斷被指出，但世界至今仍無法扭轉。現在，台灣的半導體實力，已成為美、歐、中等大國眼中緊盯的目標，讓台積電成為世界的焦點！

據市調機構集邦科技統計，台灣二〇二二年晶圓產能將占全球總產能四八％，十二吋晶圓產能占全球比重將超過五成，十六奈米以下占全球六一％！台積電 tsmc 在全球前十大企業排行榜排名第八，是全球晶圓代工龍頭廠，國際大廠 Apple、Google、Microsoft、高通（Qualcomm）、輝達（NVIDIA）等都是台積電的客戶。在今日物聯網的時代，科技發展扮演關鍵角色，半導體晶片對科技發展又是重中之重，沒有台積電提供晶片，可以說世界無法正常運作。

其實在一九七四年，台灣推出積體電路發展計畫時，日本已是全球前三名的半導體強國；韓國起步也比台灣早，三星集團李健熙也在那時成立三星半導體，自行生產半導體晶片。台灣就在這樣的背景下，開始半導體事業，如今，半導體製造被視為台灣的「護國神山」，台積電創始人張忠謀先生厥功至偉！

當時，張忠謀回台出任工研院長，提出專業晶圓代工的模式，把全世界的科技業都變成合作夥伴，並致力於投入研發技術，達到全球無人能及的地步，還帶出完整的產業供應鏈。如今，台積電先進製程占全球六成，在七奈米、五奈米，以及未來三奈米、二奈米的領域，皆為世界的領頭羊，對全球科技發展具有關鍵影響力！

最重要的是，台積電非常會賺錢。據資料顯示，二〇二二年第一季合併營收四千九百一十一億元，超過預期，改寫季度營收歷史新高。股價當然也是強強滾，很多投資人進場加碼，讓台積電成為台股中，股東人數最多的公司。

台積電的先進製程，對全球科技、軍事武器發展具有關鍵影響力，連美國總統、國務卿到國會議員，都因為半導體產業，而持續關切台灣的安危，表示會確保台灣防衛，抵禦包括來自中國的潛在侵略等。國際媒體這幾年也紛紛做出專題報導，指出「台灣晶片產業已成為美中交鋒前線」。台灣靠半導體業塑造出自身的「矽盾」，成為美中雙方都不可或缺的重要資源。

據業界估計，台積電占了全球晶片產量的九〇%以上。也因為台灣擁有相關人才、地域便利性及產業聚落優勢，使得台積電仍傾向將研發、擴產重心留在台灣，中科及南科的產業聚落也即將成型。雖然各國晶圓廠也積極擴產，台廠也陸續在美國、日本及新加坡等地建廠，集邦科技預期到二〇二五年，台灣晶圓產能仍將維持在四四%的水準，先進製程部分也掌握全球五八%。

台積電的晶圓代工能做到世界第一，與過去台灣電子業如ＰＣ、手機、面板等，不同之處在於台積電持續地精進技術，並投入大量資金研發，讓對手如三星（Samsung）及英特爾（Intel）等望塵莫及，最後客戶都只能在台積電下單。台積電站在世界頂峰，讓世界看見台灣，讓我們和台積電 tsmc 一起加油！

11 台灣矽島

隨著科技的發展，從手機、電腦、電視、汽車和武器軍火，這些產品通通仰賴半導體晶片來控制。台灣半導體產業的發展，二〇二一年的產值已突破四兆元，台灣也被稱為「矽島」（silicon island），而晶片對全球經濟如此寶貴，不能被毀壞，台灣晶片產業因此有「矽盾」（silicon shield）的美名，被認為形成一種保護台灣的天然防禦。

因為半導體產業的發展，台灣成為地緣政治下各國爭奪的焦點，尤其在烏俄戰事的蔓延下，許多國外的投資者，看到烏克蘭很容易聯想到台灣。日前經濟部曾對這點指出，半導體產業與台灣的未來密切相關，這不僅關乎我們的經濟安全，也攸關我們的國家安全。與其說晶片產業是台灣的「矽盾」，稱台灣在全球供應鏈占有重要位置會更適當。

在半導體領域，台積電是主角中的主角，它不僅是全球的龍頭，也帶動了台灣半導體供應鏈的發展。除了竹科之外，連帶許多國內、外廠商也隨著台積電，將能量往中科、南科延伸，完整地建構出「台灣矽島」！

從科技部公布的數據來看，二〇二一年南科的營業額首度破兆。南科近年來已成為晶圓代工、設備供應商的發展重鎮，不僅台積電將五奈米、三奈米最先進製程都放在南科，聯電也將最大的研發中心設置在南科；另外，荷蘭先進製程設備商 ASML，也把在台最大的研發中心設在南科。

除此之外，台積電宣布將到高雄設廠，驅使南台灣半導體聚落擴大，台積電的進駐能帶來的磁吸效應，成為南台灣科技廊道的關鍵推手。在高雄市政府的全力配合下，半導體產業發展所需要的土地、水、電、人才與政策配套等一步到位，南台灣半導體聚落的發展可說是「天時、地利、人和」。

此外，德國默克集團也宣布，默克的全球第一座提供完整半導體生產所需材料，產品線從薄膜沉積材料、特殊氣體、圖形化、平坦化材料到服務系統，也將設在高雄。還有，半導體先進材料供應商英特格，也宣布將在高雄設立一座提供五奈米以下最先進技術產品的廠區，其投資金額高達新台幣一百四十億元！

從一九七四年開始以來，台灣半導體產業的發展已今非昔比，繼竹科、中科之後，南台灣科技廊道與半導體聚落的完整，讓台灣走向名符其實的「矽島」！

另一方面，台積電也將在海外設廠，加強跨國半導體供應鏈合作。在美國亞利桑那州鳳凰城建造一座價值一百二十億美元（新台幣三千五百三十億元）的晶圓廠，計畫於二〇二四年開始生產；也計畫在日本熊本縣設廠；並考慮到德國設立新廠。據分析師指出，中國晶片產業雖然投下巨資，但仍在多項關鍵領域落後台灣十年左右，並預估未來幾年雙方差距將會擴大。

12

全民健保制度

台灣於一九九五年（民國八十四年）推動全民健保制度，讓民眾享受便宜的醫療照護。在台灣看病比國外便宜很多，現今約有九九．九%的國人皆已納入健保，據政府調查顯示，有九一．六%的社會大眾對全民健保制度表示滿意。顯見我國的健保已竭力讓民眾負擔得起，也能享受到醫療服務，可說是「俗擱大碗」的福利！

在許多健保制度不完善的歐美國家，生病就醫往往會花上一大筆錢，使得許多人，生了病也不敢就醫，在美國生一次病就破產的例子層出不窮。更別說許多民眾根本無法負擔購買醫療保險的費用。因此，許多居住在海外的台灣僑胞，在國外生病或健康出問題的時候，就會飛回台灣，利用台灣的全民健保制度就醫、拿藥，而機票錢對他們而言根本是小菜一碟。

「全民健康保險」是一種社會保險，也是社會福利的一環。將全民納入健康保險體系，是其他國家沒有的制度，不但是強化社會安全制度的必要手段，也是縮短貧富差距的有效措施。生長在醫療如此齊全的國家，台灣人真的很幸福！

台灣的「全民健康保險」保費低廉，讓民眾可以減輕龐大的醫療費用。醫療服務網綿密便捷，人民都能夠獲得醫療照顧，尤其造福許多慢性病患者。健保ＩＣ卡功能，讓醫師能掌握病患就醫動態，同時也避免造成醫療資源浪費。

台灣全民健保的福利在全世界享譽盛名，醫療品質與服務也很優質，但也衍生出不少問題。許多台灣人將健保視為理所當然，因此濫用而造成浪費，甚

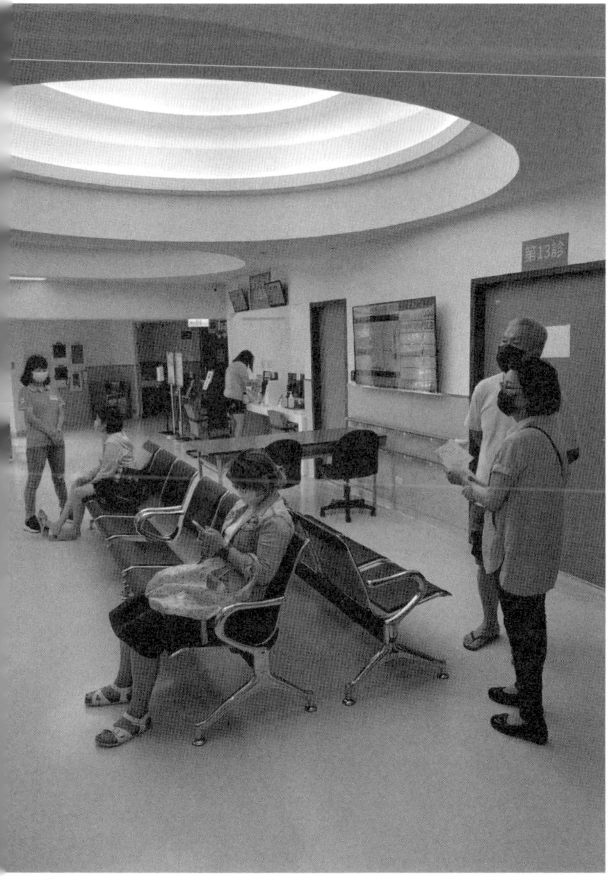

至對醫護人員大呼小叫、毆打辱罵，這樣的事件常常出現在新聞報導上。其實，台灣人應該要有所體認，醫療行為是一項專業的事業，並不是單純的服務業，也不能因為便宜的醫療費用，而浪費了全民健保制度的美意！

有專家指出，健保局苛刻審查醫療費用，造成多數醫院虧損。醫療院所則透過藥價差，減少醫護人員及降低醫療品質等方法來避免虧損，但結果就是醫護人員過勞、醫院用藥品質變差，最後造成醫療品質下降。而台灣全民健保財務危機的原因，依據政治大學財政系教授連賢明的整理，主要有「人口老化使民眾就醫需求增加」、「保費費率基於政治因素難以調整」，以及「人民觀念偏差」所致。

依據衛福部最新統計，台灣經常性醫療保健支出（CHE），在先進國家當中明顯偏低，「要馬兒好，又要馬兒不吃草」，的確是強人所難。相較之下，韓國保費年年調漲，未來台灣健保費率調漲的趨勢，恐已難免。

13

機車瀑布

對台灣人來說，摩托車絕對可以說是重要的交通工具之一，不管是上班或出遊，機動性都很高。台灣的機車密度在亞洲數一數二，台北橋的「機車瀑布」奇景，曾登上國際媒體版面。「機車之島」台灣也紅到了新加坡，新加坡的生活風格媒體AsiaOne，日前報導「你不知道的十五件關於台灣的事」，第一項就是幾乎每個人都騎機車，令他們非常驚訝！

台北的機車數量，在世界上的首都排名算是名列前茅，許多人認為「台北橋的上班時段機車瀑布，可是國際聞名的」、「新北市的機車，是全台灣機車密度最高的地方」。外國人來到台北的第一印象，也是穿梭在馬路上以及停放在路邊的機車。

三十年前，汽車是有錢人才買得起的奢侈品。而機車的價格便宜，CP值非常高，有了機車可以少走一些路，大街小巷都能鑽進去，就跟雙腳一樣方便。加上台灣人對「方便」的需求很高，從全台便利商店的數量就可窺知。因此當時的人都習慣騎機車，也逐漸變成台灣特有的景觀之一。但是四處停放的機車，佔據了大半的人行道，亂竄的機車也製造了污染和噪音。

每到通勤時段，台北好幾座橋都會出現「機車瀑布」。日前網路上又出現機車奇景「不會動的機車瀑布」！這項新的機車奇景，是發生在在台北市下班尖峰時間，位於中華路二段、要在忠孝西路待轉上忠孝橋的方向。待轉區上的機車，多到滿溢出來，橫跨到對向馬路，就連行人斑馬線、右轉車道都被佔據，形成了台灣機車奇景！

台北上下班尖峰時段的日常，差不多都是這樣，因大批機車停在路口中央，被戲稱為是「待撞區」，常常在路口發生交通事故，如同打保齡球一樣，將成排的機車全部撞倒。「機車瀑布」、「不會動的機車瀑布」，與往來的車輛形成對比，非常壯觀，也成為台灣日常生活的特色！

14

誠品書店

「誠品書店」讓台灣的夜生活多了一點書香氣氛，它是全世界第一家有二十四小時營業的大型連鎖書店。但更令人驚豔的，是它以「人文、藝術、創意、生活」為核心價值，由吳清友先生於一九八九年三月十二日創辦於台北市。

初期以販售書籍為主，之後轉型為綜合性書店，同時結合商場經營，旗下事業涵蓋百貨零售業、文化藝術、旅館與不動產經營等。

誠品書店英文名稱為Eslite Bookstore，引用法文古字，為菁英之意。一九九九年，敦南店開始二十四小時營業，正式躍上國際，成為台北的知名地標。曾被《時代雜誌》（TIME）亞洲版評為「亞洲之最」的「最佳書店」；也曾被《單眼鏡》雜誌（MONOCLE）介紹：「誠品書店說明了台灣的一切。」

在網路時代興起，實體書店漸漸沒落之際，連台北市的書店街—重慶南路上，書店也都一間間關閉了。然而誠品書店的崛起，無疑地是為愛書人士保留了一個閱讀場所，同時也開闢了一處新的文化空間，讓台灣人能持續透過閱讀書籍來增加知識、了解新知。

誠品一開始就不是單純賣書的書店，當然也不是一般坊間的文具店，不賣升學參考書和庶務性文具，而是以能提升民眾生活品味的文創商品為主。因此除了賣書之外，誠品也舉辦許多文化活動，包含演講、座談、小劇場、攝影展、紀錄片等。除了書店之外，店內都結合了許多文創品牌，形成一種書店的複合式商場，如cafe、tea House、花店、各式工藝品牌等。

一九八九年到二〇〇四年之間，誠品連續虧損了十五年，靠著毅力才堅持下去。事實證明，書店整合文創產業的策略是成功的，之後誠品生活的營收即穩定成長。誠品也積極對外輸出這種「複合式文化商場」的經營模式。二〇一二年八月，香港「誠品銅鑼灣店」在香港銅鑼灣開幕，是香港最大的書店，其中書區就佔了九百多坪。如今，誠品書店在台灣、香港、中國大陸及日本都設有分店。

15

有山有水，台灣好美

台灣是世界知名的寶島，雖是小島，但有山有水。有世界罕見的三千公尺級高山群；有各種泉質的溫泉；有優美的海岸風景，也有比基尼女郎的陽光海灘；保留中華傳統之際，也兼具文化創新，處處充滿著濃濃的人情味。「山不在高，有仙則名；水不在深，有龍則靈。」正是台灣最好的註解！

台灣面積不大，但「三千公尺級的高山」卻高達二百六十八座，是名符其實的「高山國」！百岳挑戰不僅艱難，有時甚至有生命危險，目前為止只有七百人完成台灣百岳壯舉，其中外國人不超過二十人。二〇二一年四月來自愛爾蘭都柏林的Mark Roche，花了二十年完成「台灣百岳壯舉」，是第一位完成挑戰的愛爾蘭人，他就讚嘆：「台灣山岳屬世界第一流，是登山者的天堂！」不僅在愛爾蘭網路媒體Gript爆紅，也點燃了愛爾蘭人到台灣登山的熱情！

台灣的好口碑，使得來台旅遊人數不斷攀高。近年來，除了有超過三成的日本高中生修學旅行，希望拜訪台灣寶島之外，日本駐台職員也發起自行車環島，甚至挑戰徒步環島旅行，都是為了能體驗台灣之美。

不管是熱門觀光景點、在地私房秘境，還是高山自行車道、原住民文化體驗，台灣通通都有。加上發達的大眾交通運輸系統，到哪個城市都方便，有了高鐵的串連，現今全島已是一日生活圈。而且，在觀光局及各地方政府的推動之下，陸續的開發出許多新的景點，讓台灣變得越來越好玩！

例如北台灣，是國際旅客到台灣旅遊第一個造訪的區域。台北是座不夜城，應有盡有，台北１０１是台灣最重要的地標，也是外國人必去。台北１０１觀景台，可以俯瞰台北夜景；宜蘭是輕旅行的絕佳去處，可以欣賞到美麗的自然景觀，如太平山森林區，以及龜山島賞鯨之旅，也可以漫步在悠閒的山水步道；新竹則有在地美食，貢丸、米粉等。

想要感受台灣的夜生活，就不可錯過「西門町」，是台北不夜城的代表性地點，有二十四小時營業的電影院、購物商場、美食小吃、潮流服飾店、ＫＴＶ、誠品書店、刺青店、電影主題公園、美國街等，可以逛上一整天，很多外國遊客甚至就直接住在西門町，就近吃喝玩樂！

想要感受老街風情，有日據時代的礦城「九份」和「金瓜石」，具特色的階梯式建築景觀，也是國內外遊客緬懷流金歲月的勝地；「平溪」是天燈的發源地，十分老街同樣極具特色，沿著鐵路兩側的商店與攤販，火車來時人潮會退開，當火車開走後，就在軌道上直接放天燈。

而東台灣，則是八成的外國人最喜歡的台灣景點，台灣的美名「FORMOSA」，就是葡萄牙人在航經花蓮時發出的讚嘆！比如清水斷崖，以近九十度的角度垂直，東臨一望無際的太平洋；有大自然鬼斧神工之稱的太魯閣國家公園，壯麗的大理石峽谷和幾近垂直的斷崖！花東自然魅力無法擋，還可以乘坐熱氣球、滑翔翼等體驗極限活動，保證讓遊客嘆為觀止。

中台灣，連接著北部與南部，有著很多民眾喜愛的景點，如台中的清境農場，是高山旅遊及避暑的勝地；苗栗的勝興車站、龍騰斷橋；南投日月潭湖光山色，有三大玩法：自行車環湖、搭乘遊艇及空中纜車。日月潭的自行車道，曾經被CNN評選為全球十大最美單車道。另外，南投的天空之橋、忘憂森林等，都是非常熱門的打卡景點。

南台灣陽光普照、風光明媚，有著揚名海內外的墾丁，而且想要感受濃厚的人情味，到南台灣就對了。台南擁有歷史悠久的古蹟，以及道地的小吃，深受台灣人以及外國旅客喜愛。港都高雄近幾年快速發展，港區的文創特區，形成新的都市亮點，連在地人都很讚嘆。

嘉義的阿里山海拔高度為二千二百一十六米，高山地區天氣涼爽，是最理想的避暑勝地、著名的旅遊風景區。阿里山也是鄒族文化部落，尤其是在櫻花季，彌漫著粉紅色的浪漫氣息。在阿里山國家森林遊樂區，眺望雲海、晚霞、夕陽等美景；乘坐阿里山小火車，穿梭於高山森林中，感受山水純境，是一場大自然的洗禮。

16

台北 101 大樓

於二〇〇四年十二月三十一日開幕的台北１０１（Taipei 101），位於信義商圈，緊鄰台北市政府，是台灣的重要地標，同時也是外國人必去的景點之一。二〇一四年八月由法國盧貝松（Luc Besson）導演拍攝，史嘉莉喬韓森（Scarlett Johansson）主演的電影「LUCY」（露西），特地到台北取景，電影中大量出現的台北都市景觀，讓全世界都看見了台北１０１（Taipei 101），看見了台灣！

TAIPEI 101，建構了二十一世紀的台北都會印象，將台灣帶向了全世界，如同帝國大廈之於紐約、艾菲爾鐵塔之於巴黎、晴空塔之於東京，是全世界現代都市中的建築指標。高度五〇八公尺，地上１０１層，地下五層的 TAIPEI 101，在外觀上取材自竹子節節高昇、層層相疊的形狀，形成有律動的美感，開創國際摩天大樓新風格，如今成為台灣人的驕傲。

TAIPEI 101 座落於台北最菁華地段，是台灣建築界史上最具代表性的工程之一，落成之際曾名列全世界最高的建築物，在二〇〇四年十二月完工之時，並榮獲四項世界第一：世界最高樓層：１０１層樓；世界最高建築物：五〇八公尺，這項紀錄維持了五年之久；全世界第一個超過五百公尺高的大樓；世界

最高屋頂四四八公尺。

TAIPEI 101 融合了文化、藝術、工程、地理及科技，由國際級建築大師李祖原設計及監造。建設當時，「Discovery 建築奇觀」節目，還遠道來台實地拍攝！建築下方作為購物商場，中間樓層也成為台北金融商業重鎮，如台灣證券交易所，及國內外重要企業也紛紛進駐於此。

標高三八二公尺的八十九樓觀景台，擁有絕佳的全方位觀景視野，可以眺望台北都會的萬種風情，也可以在上面喝個咖啡、購買紀念品。觀景台兩部專用最快速電梯於五樓搭乘，名列世界金氏紀錄的最快速恆壓電梯，以每分鐘1010公尺的速度，僅需三十七秒即可達八十九樓觀景台！

除此之外，TAIPEI 101 的跨年煙火，每一年都是世界目光的聚集點。因此，許多來到台北的國外遊客，常會以 TAIPEI 101 做為中心，從信義區延伸出台北市的旅遊路線，如信義商圈、台北信義威秀影城、四獸山公園、福壽公園、四四南村、國父紀念館等，配合四通八達的台北捷運MRT，就能充分體驗台北的城市風情。

TAIPEI 101 的外觀特色就是玻璃很多，共使用了四萬八千片玻璃，是台灣第一棟採用雙層隔熱低輻射玻璃（Low-e coating）帷幕的大樓，在雙層玻璃中間會灌入惰氣，有效阻隔百分之五十以上的熱能與紫外線；也能有效阻隔三十八至四十分貝的外部音源，所以無論外面多麼炎熱、吵雜，都能舒適的在１０１裡面逛街、上班。

為了節約能源，TAIPEI 101 其實也是座對環境友善，精心設計的「綠建築」！例如冷氣系統是最消耗能量的裝置，因此一開始就裝了冰水主機空調系統，冰水主機會製作五度的冰水，打到各樓層降低空調出風溫度，省電也省錢。

在節約用水的部分，TAIPEI 101 外型節節高升、每八層樓的「竹節」都設置了管線裝置，每當雨水從隙縫流下，管線裝置就會其引導流入儲存槽，儲存的雨水則用來清洗外牆、廁所沖水以及澆灌植物等，一年就能省下了一萬八千多噸的水。

台灣每年都有颱風及地震，所以 TAIPEI 101 最重要的設施之一，就是「調節質量阻尼器」又稱「風阻尼器」，主要作用就是減少大樓因強風及地震帶來的晃動。「風阻尼器」由四十一層鋼板組成，直徑五．五公尺、重六六〇公噸，是世界最大的「被動式風阻尼器」，設置於八十八樓至九十二樓中央位置，也是唯一可供民眾參觀的風阻尼器，在八十八樓的觀景台可以參觀，並且可以合影留念。

17

民選總統，言論自由

你知道台灣有個「言論自由日」嗎？行政院於民國一〇五年十二月十九日核定四月七日為言論自由日。不僅如此，台灣的言論自由和民主開放意識，在國際上也備受肯定！二〇一九年在曼谷發布的「受威脅的公民力量報告」(People Power Under Attack 2019)，亞洲二十五個國家中，台灣是唯一被評為開放的國家中，比日本和南韓還要進步！

言論自由是台灣民主轉型的關鍵，而這樣的言論自由，其實得來不易，是由許多前輩努力犧牲爭取而來。其中最引人注目的，就是民國七八年四月七日鄭南榕先生為爭取言論自由，自焚身亡的事件。之後台灣走過戒嚴時期，從威權邁向到民主，如今在言論自由的表現，已呈現亮眼的成果。

一九八九年，鄭南榕先生殉道，那個時候的台灣，國會還沒有全面改選、總統沒有直接民選；還有刑法一百條、懲治叛亂條例，也都限制著人民的言論自由。不過如今，總統已經直選，並且和平地完成了三次的政黨輪替，台灣在民主上的成就，全球有目共睹！

一九九六年，李登輝先生以五百八十一萬票、五四%的得票率，在第一次的總統直選中勝選，擔任第一位台灣民選總統，也為李登輝在國際上贏得「民主先生」（Mr. Democracy）的美名。當年中共為了反對台灣總統直選，發動一系列軍事演習，還連續發射三枚飛彈引發「台灣海峽飛彈危機」，後來美國派遣航空母艦介入協防，最後才平安落幕。

現在的台灣政治上，有獨派、有統派、有維持不變派；有新聞媒體和名嘴批評總統、監督政府；政治光譜從綠、藍、橘、白，到無黨籍，都各有支持者。台灣民主的百花齊放，也頻頻受到國際關注，日前在義大利雜誌「國際週刊」曾刊出台灣專題，指出台灣雖然擁有二千三百萬人民，是完全的民主國家，但卻像是一座「夢幻島」、「不存在的島嶼」，國際地位不被承認。

而英國《經濟學人》發布的「二〇二一民主指數」中，台灣同樣拿下佳績，被評為亞洲第一、全球第八！在台灣可以表達任何想說的話，可以監督政府、批評總統、談論敏感的政治話題。台灣言論的自由開放，讓不少歐美人也大讚「台灣民主相當進步！」民主、自由的台灣，再度被世界看見！

18

世界的佛教團體

佛教是台灣信徒最多的信仰，約有八百多萬信眾（三五%），而道教徒約有七百五十五萬人（三三%），除了佛、道教之外，若加上一貫道等相關的民間宗教信仰，更多達八〇%的台灣人口。根據行政院二〇一九年的國情介紹，台灣地區的佛教寺廟達二千三百一十七座，遍及每一個鄉鎮。

台灣佛教界高僧輩出，慈航法師（一八九三—一九五四）早年追隨太虛大師，創辦「台灣佛學院」；印順法師，亦是太虛大師追隨者。自一九八〇年代以來，台灣佛教發展更是突飛猛進，最著名的團體莫過於「四大名山」：佛光山、慈濟功德會、法鼓山和中台禪寺。四大道場創新的傳教形式，推廣文化、慈善、教育、共修等四大事業，其影響力不僅在台灣民間起了重要的精神安定力量，在世界上也扮演舉足輕重的角色。以下說明：

法鼓山

法鼓山的創辦人是釋聖嚴，本名張保康，西元一九三一年出生、二〇〇九年圓寂。十四歲在故鄉的江蘇狼山廣教禪寺出家，一九四九年加入中華民國陸軍並來到台灣，服役十年後於東初老人座下再次剃度。

聖嚴法師曾到日本東京立正大學深造，是台灣第一位獲得碩士與博士學位的比丘，一九八九年在新北市創辦法鼓山。釋聖嚴是禪宗曹洞宗的第五十代傳人、臨濟宗的第五十七代傳人，是佛學大師、教育家，致力於推廣佛教與禪修。

中台禪寺

二〇〇一年九月一日落成啟用的「中台禪寺」位在南投埔里，創建者為釋惟覺，本姓劉，法名知安，字惟覺。一九六三年於基隆大覺寺出家，一九七〇年於新北萬里區闢建靈泉寺，但因信徒漸多，乃在埔里另闢中台禪寺，以「佛法五化：學術化、教育化、藝術化、科學化、生活化」為弘揚佛法的方向。

惟覺法師廣傳禪宗心法，積極推動禪修教育，同時創建中台佛教學院、普台國民小學、普台高級中學、中台山博物館，以及中台禪寺海內外百餘家分院精舍，在台灣佛教界舉足輕重，影響力遍及全球。惟覺法師於二〇一六年四月八日圓寂，享壽八十九歲。

南投埔里的中台禪寺，主樓高達一百三十六米、三十七樓，是目前世界最大、最高的佛教寺廟，以及世界第二高的東方建築，僅次於中國的天寧寶塔，曾獲得「二〇〇二年台灣建築獎」等獎項。

佛光山

高雄佛光山，由生於一九二七年的「星雲法師」於一九六七年創建，以弘揚「人間佛教」為宗旨，先後在世界各地創建二百多所道場，也創辦美術館、圖書館、出版社、書局、中華學校及佛教叢林學院等，並獲得二〇一二到二〇一三年度，影響世界華人大獎的終身成就獎。

釋星雲本名李國深，是臨濟正宗第四十八代傳人，著有一百多本佛學著作，譯成多國語言，且對佛教制度化、現代化的貢獻卓越。雖有清名，但不避談政治的風格也遭致批評，常被稱為「政治和尚」。

佛光山「人間佛教」的普及，讓太虛大師人間佛教的理念，在台灣大放異彩，得以實現，佛光山二百多個道場，遍及五大洲，創新又特別的傳教方法，使佛光山成為世界上影響力最大的漢傳佛教道場，奠定了星雲法師在佛教界的大師地位。

慈濟

總部位在花蓮的慈濟功德會，創立於一九六六年，創辦者為證嚴法師，出生於一九三七年的，本名王錦雲，出家前自號靜思。秉持印順法師教導的人間佛教「為佛教，為眾生」闡揚佛法，也帶領慈濟投入慈善、醫療、教育、環保、人文，以及國際賑災、骨髓捐贈等工作。

慈濟功德會是台灣最大的民間慈善機構，它在世界五大洲都設有分會和聯絡處，擁有會員超過八十萬人，會員人數佔台灣總人口的三．四%。

慈濟的骨髓捐贈庫，從成立的一九九三年，到二〇二三年初，累積捐贈骨髓的人數已達四十五萬五千人，移植案例達六千一百五十二例，已成為亞洲最大、全世界第三大的骨髓資料庫！慈濟骨髓幹細胞中心的電話二十年沒變，「守護生命，守護愛」的大愛精神永遠都在，讓人敬佩！

靜思書軒

靜思堂
萬華終身學習教育中心課程

19

媽祖遶境

一年一度的台中「大甲媽祖遶境」吸引大批信徒隨行，就連COVID-19疫情也抵擋不了信眾的熱情。今年（二〇二二年）的遶境活動總計九天，於四月八日（農曆三月八日）晚間十一點起駕，四月十七日回鑾，全程約三百四十公里。「大甲媽祖遶境」同樣受到全世界關注，讓世界看見台灣民間的活力。不僅被Discovery Channel列為世界三大宗教盛事之一，也被聯合國教科文組織認定為「世界非物質文化遺產」！

大甲鎮瀾宮媽祖進香遶境超過百年歷史，是台灣傳統陣頭中規模最大、自發性參加人數最多的宗教活動，十萬信徒、九天八夜的徒步行程，回溯了先民的開墾路徑。總計九天的行程，參與者須自行安排食宿，沿途有店家提供飲水、食物贊助，也吸引了許多國內外觀光客參與，甚至連藝人、影視歌星、電視節目等都爭相搶拍，成為台灣全民參與的祭典大事！

媽祖鑾轎行經各地時，經常會有搶轎風波，神轎回程入廟時也常耽擱時程，但香擔在廟方嚴密保護之下，絕不讓外人有偷搶的機會，由此可見香爐、香火的重要性。百年來，信徒沿著清代的進香路線，從一座廟宇徒步走到另一座廟宇，「媽祖遶境」從日治時期的幾百人，如今已暴增為十萬進香大軍！

台灣民間相信，神像的靈力會隨著時間慢慢消退，需要重回祖廟，「回娘家」拜見祖先、分取香火（稱為「割火」）才能持續保持靈力。如同大甲鎮瀾宮到北港朝天宮進香，帶著香火爐前往，由朝天宮舀出香灰給鎮瀾宮。香灰代表著神明的加持，「割火」成為進香最重要的目的，為神明「充電」，再次強化靈力。

「大甲媽祖遶境」活動起源自清朝雍正八年（西元一七三〇年），福建湄洲人士林永興家族來台至大甲堡定居，將隨行的「湄洲朝天閣天上聖母」香火安奉建祠，之後每隔十二年，就會前往湄州朝天閣進香。到了日治時期，日本政府鼓勵本土化，大甲媽祖遂轉向北港朝天宮「割火進香」。

民國七十七年起，鎮瀾宮改往新港奉天宮進香，時間從最早期的四天三夜，最後增加到九天八夜。現今的大甲媽祖出巡遶境，去程駐駕彰化南瑤宮、西螺福興宮；返程駐駕西螺福興宮、北斗奠安宮、彰化天后宮、清水朝興宮。遶境行程遍及台灣中部，包括台中、彰化、雲林、嘉義等四個縣市，沿途行經近百座廟宇，來回跋涉長達三百四十公里。

大甲媽祖遶境時，「陣頭」的規模是全台最大，鑼鼓喧天、熱鬧無比的遊行隊伍，也是眾人的焦點。最前面為報馬仔、頭旗組、開路鼓、大鼓陣；然後是龍鳳繡旗團、哨角隊、三十六執士團、轎前吹、娘傘組、神轎班團、駕特組自行車團；之後，是由各地宮廟負責的頭香、貳香、叁香、贊香；還有醫療團、交通隊、令符組、誦經團、祭典組、受付組、e世代青年會、大甲媽志工隊、爆竹團等。

其實，進香遶境不只牽涉到信仰，與政治更息息相關。每年遶境活動，都有重量級政治人物的參與隨行，也成為慣例。畢竟，一場遶境要動員到十萬信徒，參與者更將近百萬人來看，「大甲媽祖遶境」不只是人心之所在，也是選票之所在！

20

台灣棒球

台灣僅有二千三百萬人，但棒球實力卻在世界上名列前茅！二〇二二年一月世界棒壘球總會（WBSC）公布棒球最新世界排名，台灣世界排名第二，僅次於日本，三至五名為韓國、墨西哥和美國。一直以來，棒球可說是台灣最受歡迎的運動項目，不管是從業餘的少棒、青少棒、成棒到職業棒球，都有一批又一批的死忠球迷熱情支持著。

一九六八年八月，台東的紅葉少棒隊，以兩戰全勝擊敗到訪的日本少棒冠軍隊，掀起一股「紅葉旋風」；一九六九年，金龍少棒隊參加美國威廉波特世界少棒錦標賽，一舉奪得冠軍。從此開啟了我國三級棒運的全盛時期，一九七一年巨人隊凱旋返國，獲得民族英雄似的歡迎；一九七四年中華立德隊衛冕成功，民眾歡欣鼓舞、放炮慶祝。

尤其是自一九七一年中華民國退出聯合國之後，適逢台灣三級棒球的熱潮，全台追捧「三冠王」的榮耀，反應了當時人們的愛國情操。三級棒球指的是少棒、青少棒、青棒，許多民眾半夜起床收看電視轉播，為中華隊加油，整個社會陷入棒球民族主義的狂熱。自此，棒球在台灣不再只是棒球而已，它成了民族力量的展現。有學者就指出，棒球對台灣的意義，不只是日常的休閒活動，更是台灣人爭取榮耀的一段段歷史，是台灣人的集體記憶！

台灣歷代棒球好手輩出，多人遠渡重洋，如郭源治、郭泰源、陳金鋒、曹錦輝、王建民、楊岱鋼、郭泓志、姜建銘等人，紛紛登上美國、日本職棒舞台，陸續寫下台灣棒球的輝煌歷史！

回顧歷史，棒球運動在台灣的發展已超過百年，是台灣最具指標性的運動。一九〇六年，台灣總督府國語學校中學部（現今建國中學），成立了第一支棒球隊，於同年與國語學校師範部（現今台北教育大學）的棒球隊，舉行了第一場棒球賽，一九〇六年因而被認定為台灣棒球元年。

棒球，日本人稱為「野球」，在日據時代初期，台灣的棒球隊成員大都以日本人為主。直到一九三〇年代「嘉農棒球隊」興起，才真正有較多台灣球員參與。而一九三一年勇奪日本甲子園大賽亞軍的嘉農棒球隊，也讓棒球運動在台灣本土開始扎根。

一九八〇年代起，台灣成棒的實力開始在世界上嶄露頭角。一九八三年以13比1大勝超級強隊古巴，震驚世界棒壇，中華隊榮獲洲際盃第三名；

一九八四年洛杉磯奧運會棒球表演賽中，奪得銅牌；同年的世錦賽中獲得亞軍；一九八六年荷蘭世錦賽獲銅牌；一九八七年亞錦賽金牌；一九九一年亞錦賽銀牌；一九九二年巴塞隆納奧運會，棒球被列為正式項目，中華成棒代表隊獲得奧運銀牌。這些成棒菁英從小就「出國比賽」，如郭源治、郭泰源、莊勝雄、徐生明、林華韋、李居明、呂明賜、趙士強、陳義信、黃平洋、洪一中、鄭百勝等人，皆是三級棒運時期培養出來的名將。

如今，繼日本、韓國之後，中華民國成為亞洲第三個成立職業棒球隊的國家。一九九〇年三月十七日，台灣棒球史上的第一季職棒聯賽開打至今，歷經時代演變，現今的「中華職業棒球大聯盟」，共有六隊：中信兄弟、統一獅、味全龍、富邦悍將、樂天桃猿及台鋼雄鷹，精彩的職棒賽事，仍然受到台灣人的熱情支持。

21 布袋戲

原為民間技藝的布袋戲，一九七〇年代開始在台灣的電視頻道播送，黃俊雄「雲州大儒俠史艷文」創下九七%超高收視率；黃俊雄的兩個兒子黃強華、黃文擇將影視拍攝手法帶入布袋戲，再掀「霹靂布袋戲」狂潮。我也記得，小時候每到中午，大夥聚在電視機前，一邊看著布袋戲、一邊吃中飯，這樣為布袋戲癡迷的畫面，如今也成為台灣人的集體回憶！

其實台灣的布袋戲一直持續在國際上發光發熱！二〇〇六年「霹靂布袋戲」一度進軍美國卡通頻道。二〇一六年日台合作的布袋戲電視劇「Thunderbolt Fantasy 東離劍遊紀」、電影「Thunderbolt Fantasy 生死一劍」在東京的一家台式餐館內，有著台灣傳統布袋戲表演，日籍師傅金川量曾在台學習布袋戲操偶，並將傳統布袋戲文化帶回日本，讓更多人看見台灣的布袋戲文化！

布袋戲，亦稱掌中戲，專指閩南地區發展出的「一口說出千古事，十指弄成百萬兵」的掌中木偶戲。台灣掌中戲大致是在十九世紀中期，清道光、咸豐年間，從泉州、漳州、潮州等地方傳來台灣。不過在日據時期，日本強制演出「皇民劇」，其舞台、燈光、立體佈景、木偶造型、武士道劇情和砍殺方式等，對後來台灣布袋戲的發展有很大的影響。

一九四七年「二二八事件」之後，台灣政府為了防止民眾演戲聚會，許多布袋戲班紛紛轉入戲院內演出，也促使布袋戲偶加大、佈景加寬、舞台燈光裝置增加，劇情也跟著產生創新，從南管戲到北管戲，到「金光布袋戲」，不停地推陳出新。最後，形成具有台灣本土藝術風格的布袋戲，戲班遍佈各地，非常受到台灣人的歡迎。

一九七〇年三月，台視播出布袋戲「雲州大儒俠史豔文」，連播五百八十三集，轟動一時，引起全台民眾瘋狂，學生逃學、農人、工人怠工；在布袋戲播出時間，街道上的行人、車輛竟然消失無蹤、萬人空巷，就為了要看電視布袋戲，可見其魅力非同小可！一九七四年六月新聞局以「妨害農工正常作息」為由，禁播「雲州大儒俠」，電視布袋戲改為國語配音。

之後，電視布袋戲狂潮仍然在台灣持續，不論是黃俊雄的「大唐五虎將」、「六合三俠傳」、以及「史豔文」於中視重出江湖。一九八四年黃文擇首次以「霹靂」為名，「霹靂金榜」、「霹靂真象」、「霹靂萬象」、「霹靂天網」和「霹

靂俠縱」等劇集，收視經常在三〇%以上。同一時期，黃俊雄在台視演出「六合系列」，黃文擇、黃文耀兄弟則在華視，父子橫霸三台，成為台灣布袋戲霸主。

布袋戲在台灣的發展，靠著雲林黃家四代對布袋戲藝術的付出，從繼承傳統到創新，功不可沒。從黃馬的「錦春園」開始，到台灣國寶級藝術大師黃海岱創立的「五洲園」，黃俊雄「雲州大儒俠史豔文」奠定江山，直至黃強華、黃文擇兄弟突破傳統，創造出新的境界。

近年來，台灣鄉土文化保存運動興起，使碩果僅存的國寶級藝人再度受到重視，傳統布袋戲班也進入大學及正式劇場，並前往日本、韓國、歐美等地巡迴演出，讓世界上看見台灣的布袋戲傳統文化。期許未來，台灣布袋戲的傳承與創新，能夠再創布袋戲全新的傳說，成為台灣人的新印象！

22 夜市

許多外國遊客來台灣，最常去的並不是中正紀念堂、九份，也不是墾丁。到台灣必訪的「景點」，第一名竟然是「夜市」！因此，來台灣若沒逛過夜市，就不算來過台灣！夜市吸引外國人之處，除了小吃之外，還有手搖飲店、服飾店、鞋店和傳統遊戲等各式攤商。那種從傍晚開始就人潮擁擠、活力滿滿，充滿著台灣在地魅力的「夜市景色」，對外國人而言有著「致命吸引力」！

在台灣「逛」夜市、「吃」夜市，是台灣人的日常生活，夜市之所以受到歡迎，因為與庶民生活息息相關，反映了台灣的人情味。來自各地的美食、叫賣聲、生活物品、文化創意、坊間遊戲，充滿了庶民的蓬勃生機！

夜市在台灣有超過一百年的歷史，一九〇八年，鳳山廳旗津天后宮廟前空地，就設有最早的夜市。此外，日治時期的納涼活動，也影響了後續台灣夜市的發展。目前台灣大約有三百多處夜市，分佈在全台各縣市，價位合理又好吃，可以品嚐到該地的人文特色，通常在路邊擺放桌子、椅子，就地坐下就可享用，也可以打包帶走。

台灣小吃種類多樣化，最受歡迎的例如臭豆腐、蚵仔煎、香雞排、烤香腸、烤玉米、米血糕、珍珠奶茶、地瓜球、沙威瑪、虱目魚肚粥、炒米粉、大餅包小餅、大腸蚵仔麵線、甜不辣、臺南擔仔麵、筒仔米糕、花枝羹等，數都數不完，都是風味獨特的名食小吃！

然而，許多夜市並不能算得上衛生、健康，被人批評「給人感覺髒、亂、臭」，也難以有氣氛或情調。尤其這兩年在Covid-19疫情影響下，夜市面臨無人上門的困境，「如果不能邊走邊吃，就沒有逛夜市的感覺」、「髒又貴，又有染疫風險」；還有「價格昂貴」問題，「路邊攤賣得比店面還貴」、「物價暴漲，路邊小吃攤漲的速度，比超商還快！」不可諱言，這些都是需要改進的地方。

夜市通常位於交通樞紐、廟會等市集處，是當地發展最早、人潮最多的地方。而匯聚在夜市的小吃攤，帶動了民生消費商品的進駐，有吃又有得玩、便宜又大碗，便成了夜市最大特色，聚集了各類餐飲，以及服飾店、鞋店、雜貨用品、五金行、地攤、百貨公司等。

還有一些小遊戲，只要銅板價就能玩上一段時間，如打彈珠、射飛鏢、射

皮件袋鞄
海鮮
東東
迷你火鍋
豬腳
牛肉麵
行人專用
1965

箭、撈金魚、套圈圈、打牌、玩具槍擊、夜市麻將、賓果等。甚至會有藝人演出造勢，文化表演等等。實際上，夜市就是台灣民眾的日常生活縮影。

網路上票選全台的十大夜市，包括花園夜市、逢甲夜市、士林夜市、羅東夜市、六合夜市、基隆廟口、饒河街夜市、臨江街夜市、華西街夜市、瑞豐夜市等。夜市聚集台灣飲食的特殊文化，小吃美食各有風味，特色是「多樣化、便宜和好吃」。透過地方小吃，遊客可以更認識地方與人文。因此，遊台灣當然不能錯過「夜市文化」！

第二章

食在台灣

TAIWANESE CUISINE

23

牛肉麵

牛肉麵是台灣街頭常見的麵食，由於中華民國政府遷台，渡海來台的外省老兵，便融合家鄉與台灣在地元素，做成牛肉麵。牛肉麵的意義，在於它從外省人的鄉愁，轉變成一道本省人與外省人在飲食上的交集，象徵對彼此的認同，而牛肉麵也成為台灣食物的集體記憶！

台灣早期的牛肉麵以紅燒為主，多使用豆瓣醬，根據飲食史名家逯耀東教授考證，台灣所謂「川味牛肉麵」，其實源自於台灣。來台的老兵想念家鄉四川口味，便加上台灣當地的辣豆瓣醬製作而成，為紅燒牛肉麵的前身，發源於高雄岡山眷村，流傳至台灣各地。現在，台灣牛肉麵已發展成海外華人的普遍食物，有不少泡麵都是標榜牛肉風味，非常受到歡迎。

台灣牛肉麵就如同台灣社會多元族群的組成，融合上海的紅燒、粵菜的高湯、閩南的酸菜，以及四川的麻辣、台菜的紅蔥頭、南洋的沙茶等元素，混合多重來源，形成一種新的牛肉麵流派「台灣牛肉麵」。不過，台灣早期農業社會視吃牛肉為禁忌，直到今天，仍有很多人不吃牛肉。

現今，台灣牛肉麵大部分把重點放在牛肉，除了使用牛腱肉，也有牛筋或牛肚等。烹調方式上，以紅燒與清燉最為常見。「紅燒牛肉麵」的口味濃厚，以豆瓣醬、醬油為基底，為市場上的主流；而「清燉牛肉麵」，則以花椒、胡椒等高湯為基底，以清爽口感為號召；還有「沙茶牛肉麵」，做法與紅燒和清燉完全不同，利用牛骨熬煮湯頭，再加上沙茶醬，成為特色。

隨著時代演進，台灣牛肉麵也衍生出很多新的種類，清燉的如半筋半肉牛肉麵、牛肉乾拌麵、半筋半肉麵；紅燒的番茄牛肉麵、蔥燒牛肉麵、麻辣牛肉麵等。除了一般的麵條外，店家也會提供寬麵、河粉、關廟麵、刀削麵、粉條等供客人選擇。

台灣人對牛肉麵的要求，大多是以牛肉的份量、等級、口感嚼勁等做為標準。店家多用牛腱與肋條，「台規腱」就是指「符合台灣規格的腱子肉」，業者的採購規格甚至都已揚名國際。牛腱中最貴的是牛腱心，位於牛後大腿正中央的肌肉，筋肉比例正好，吃起來軟中帶筋，最為好吃。

其實，牛肉麵在世界各地都有，在四川、蘭州、福建、馬來西亞等地都有，其中，蘭州人注重麵條、四川人重視湯頭、台北人強調牛肉。蘭州師傅的甩麵功夫可稱一絕，其牛肉麵講究筋性與咬勁，蘭州更被中國烹飪協會命名為「中國牛肉麵之鄉」，現今蘭州市區有超過一千家牛肉麵店，每天有六十萬人的早餐就是牛肉麵。

「台灣牛肉麵」的意義，在於它產生了台灣人對食物的集體記憶，生根在這塊土地上，廣受各族群喜愛。曾幾何時，牛肉麵在台北已是國際級美食，不僅是ＣＮＮ票選的外國人最愛台灣食物第一名，連日韓光觀客來台都一定會來品嚐。「台灣牛肉麵」成為食在台灣的代表印象，實在是當之無愧！

24

滷肉飯

最能展現「台灣味」的國民美食，無疑就是「滷肉飯」，鹹中帶甜、充滿油脂香氣的滷肉汁，淋在熱騰騰的白飯上，讓人一碗接一碗。不用華麗的配菜和擺盤，就能讓人吃到滿足與幸福，這就是滷肉飯平凡卻又迷人之處，簡直就是台灣小吃之首！滷肉飯不僅是在地的食物經典，更揚名國際，許多國際巨星來台的必吃美食，就是滷肉飯！

滷肉飯為台灣民眾心中第一名的飲食，不只是早、午、晚餐，甚至宵夜都可以吃。台灣滷肉飯的特色，關鍵在於肉醬和肉汁，從南到北的製作方法和特點各有差異。一般來說，先用大鍋炒切碎的五花肉或絞肉，接著放入蔥、紅蔥酥、蒜、冰糖、醬油和米酒等調味料。最後放入鍋中用小火燉煮，滷上七、八個小時，就完成滷肉飯中最重要的滷汁。

台灣北部的「滷肉飯」，淋上煮熟碎豬肉及醬油滷汁，有時醬汁裡亦會有香菇丁等，當中的滷肉沒有絞碎，被切成丁狀也叫滷肉飯；而南部則稱「肉臊飯」。台灣南部的「滷肉飯」，則是指有著塊狀肉的切丁滷肉飯，有著大塊的肉塊。

滷肉飯的重點，在於滷肉Q彈的口感，鹹甜香味十足的滷汁，加上香菇和油蔥，和熱騰騰的飯拌在一起，放入口中隨即化開，油脂和肉的香氣在嘴裡融合，香甜十足。除了滷肉飯，配菜的醃黃瓜也起了解膩的作用。可以再加顆半熟蛋，將金黃色的蛋液和滷肉汁、白飯攪拌在一起吃，滋味一極棒！

在坊間常常看到寫著「魯」肉飯的店家，其實是取其諧音。美食作家朱振藩曾表

示，按字典定義：「滷」者，用濃汁烹調食物，「鹵」字是正寫，後來出現「滷」字；至於「魯」則是取其音相近者，數十年前在台灣出現，久而久之成為慣用用法。正確用字應該為「滷」。

台灣到處都有好吃的滷肉飯店家，人氣店家的門口也總是排著長長的隊伍，動輒就是二十分鐘以上的等候時間！近年來，也衍生出一種新的「雞滷飯」，帶點油的小塊滷肉，搭配手撕的雞肉絲，光想到就口水直流，建議喜愛美食的你可以試試！

25

台灣小吃

台灣素有美食王國之稱，尤其夜市更是台灣各類小吃的集合地，也是國外觀光客來台必遊的行程之一。想吃魷魚羹、大雞排，還是想喝珍珠奶茶、愛玉冰，只要走一趟夜市就能祭飽自己的五臟廟。根據網路的調查結果，「最強台灣夜市小吃」：鹽酥雞、雞排、珍珠奶茶，成為台灣夜市小吃的前三名王者！油炸類霸王的鹽酥雞、雞排，搭配上一杯七百ＣＣ的珍珠奶茶，是許多台灣人心目中的最佳組合，吃起來真的是很痛快！

台灣的夜市美食是我們的驕傲，在別的國家沒辦法吃到，所以出國在外的遊子們，總是會說很想念媽媽做的家常菜以外，就屬台灣小吃最令人難忘。這幾年作者持續在國外帶團，每次收團回台灣的第一件事，也是去吃個雞排、大腸蚵仔麵線、臭豆腐這些台灣小吃，大飽口福之餘，更是一解鄉愁！

雞排、鹽酥雞、大腸蚵仔麵線、臭豆腐、肉圓、甜不辣、四神湯、薑母鴨、麻油雞、珍珠奶茶、木瓜牛奶、芒果冰、雪花冰、大腸包小腸、地瓜球等，這些都是代表台灣味的小吃。油炸物的酥脆口感，讓人難以抵擋，所以像鹽酥雞、雞排、臭豆腐、地瓜球這類油炸食物，總是名列前茅。而飲料類，當然就是珍珠奶茶、木瓜牛奶奪下冠、亞軍。

台灣人到底有多愛吃雞排？根據統計，台灣每秒就有三個人在吃雞排！雞排可說是大小夜市必備的攤位，香味四溢，因此早期又稱「香雞排」。因為可邊走邊吃，口感又富變化，成為台灣最普遍的小吃之一，配上珍珠奶茶可說是最經典的小吃組合。據統計，台灣人每天吃掉的雞排，疊起來甚至超過十座台北１０１大樓！

台灣的雞排，日前更是紅到日本去了！日本的美式賣場

好市多COSTCO推出的雞排，品名就叫「台灣大雞排」，日文品名為：「台灣大ジーパイ」（TAIWAN DA JI PAI），介紹中寫道：「比臉還大的大炸雞『ダージーパイ』！」建議消費者買回去後，用烤箱加熱至酥脆，即可享用。

「台灣大ジーパイ」標榜來自台灣，每一百公克含稅一百六十六日圓（約新台幣三十八元），每盒售價約一千八百日圓，讓不少日本人躍躍欲試，許多youtuber也拍了「吃播」。因為直接用台灣所稱的「雞排」音譯為「ジーパイ」，還引起了瘋狂討論，網友紛紛留言「唸起來好害羞」、「我唸完整個噴販」。

但是，可不要因為夜市美食好吃，而天天吃。因為夜市美食油煎、油炸的料理方式，容易產生自由基與致癌物質，攝取過量可能致癌；吃下超標的油脂、糖份、鹽份以及熱量，除了會帶來肥胖，也會帶來高血壓、高血脂、高血糖、脂肪肝和心血管疾病的可能，因此不能太過頻繁地食用。

另外，像蚵仔大腸麵線一碗的澱粉量就等於一碗白飯，加在裡面的大腸或肉羹脂肪量高，一碗的鈉含量也逼近了成人一天的攝取量。還有大腸包小腸，光外層的糯米腸就是一碗飯的熱量，容易影響血糖，其他還有油脂過量、重鹹醬料等，也會影響身體健康。

至於飲品類，珍珠奶茶、木瓜牛奶、芒果冰等都是高糖度飲料。不只會引起肥胖，每天一杯珍珠奶茶或手搖飲料，年紀輕輕卻罹患脂肪肝的案例，在新聞上時常聽聞。所以去夜市解饞的時候，建議適量就好，不要太貪吃喔！

26
刈包

西方人愛吃漢堡，方便、快速又好吃。而代表台灣味之一的「台灣漢堡」（Taiwanese hamburger），就是刈包。「刈包」，是台灣的靈魂食物之一，外皮為白麵皮製成，中間夾著甜鹹甜鹹的的控肉是招牌。依個人口味還能選擇肥瘦比例，配上豐富的酸菜、花生粉、香菜來去除油膩感。不僅台灣人愛這味，更是老外評比台灣小吃中必吃不可，代表台灣的味道之一！

刈包，也稱為「割包」，因刈（ㄧˋ）有「割」之意。因「割」的台語發音與「掛」同音，所以日常生活中，割包也被稱為「掛包」。「割包」是以麵粉發酵製成，將白麵皮撥開放入滷肉片、鹹酸菜、花生粉、糖、香菜等為餡，形狀如錢包，也是象徵發財的意思；形狀似老虎的嘴咬住一塊豬肉，所以又被稱作「虎咬豬」。

刈包起源於福建省福州的「虎咬豬」，與閩南語音「福咬住」相近，內夾的酸菜被客家人視為是福菜，有「留住福氣」之意。在其他地方也可看到的類似的食物，如日本長崎新地中華街稱為「角煮饅頭」（角煮まんじゅう），饅頭夾滷五花肉；而香港的「叉包」，因餡料包括番茄、生菜等美式漢堡配料，故被稱為「美式叉包」。

近年，台灣業者將這種傳統美食再改良創新，在內餡口味變化出許多花樣。例如，加入萬巒豬腳、香腸、天婦羅、鴨胸、煎蛋、雞排、鱈魚排、日式叉燒肉、鹹豬肉、照燒雞腿、牛肉丸等；配菜包豆芽、紅蘿蔔、絲筍絲、豆乾絲、蒜末、蛋皮等；甚至也有素食刈包。業者推出許多創新菜色，因此，刈包有了「台灣漢堡」的美譽！

刈包在台灣也是尾牙必吃的菜色之一。由於外型長得像飽滿的錢包，裡面夾一大堆豐富餡料，取其財富滿足的意思，因此在尾牙吃刈包，象徵來年發大財、錢包滿滿用不完！也有一說，商家由於生意上的應對，常會說些善意的謊言，吃刈包代表商家把今年說過的謊言，包起來吃掉的意思，也充滿了台灣人的生活智慧、人情義理。

另外，除了刈包，尾牙這一天大家還會吃潤餅，因其形狀就像用紙張把銅錢包成圓筒形一般，表示「富潤家庭」；而刈包的樣子則像是一個裝滿錢的錢包，象徵「財富飽滿」。因此不管是吃潤餅或刈包，都是希望來年可以發大財。

位在台北市通化夜市的石家刈包，有著創新且具特色的菜單，刈包系列就有九種口味，①綜合刈包、②赤肉刈包、③控肉刈包、④沙拉刈包、⑤素食刈包、⑥紅糟刈包、⑦燻雞沙拉刈包、⑧蟹肉沙拉刈包、⑨鮮蝦沙拉刈包。多樣化的餡料，建議各位可以去吃吃看，台灣的靈魂食物「刈包」！

27

台灣茶

台灣茶名聞遐邇，在國際上以精品茶出名，是高品質的代表，也常在國際茶比賽得名！二〇二二年四月，法國「農產品增值協會」（AVPA）舉辦全球茶葉競賽，台灣茶表現亮眼，榮獲四十七面獎項。法國經銷商表示，台灣高山烏龍茶世界頂尖，是台灣有別於其他國家的茶葉之處，「提到烏龍，只有台灣」，深受法國消費者喜愛！

台灣在一九四六年進入「茶金」時代，東方美人茶的天然蜜香讓歐美驚豔，茶葉一度比

金子還珍貴，被視為「茶葉王國」。一九七〇年代，每年茶葉外銷都在二萬公噸左右。根據財政部公布的報告顯示，二〇一九年我國茶葉出口一萬公噸，出口值達一・二億美元，其中烏龍茶、包種茶占四成；紅、綠茶則各占近三成。精緻包裝的半發酵茶因風味絕佳，非常受到國外歡迎。內銷部分，從滿街的台灣手搖茶飲店，就可知道台灣人有多愛喝茶。在家喝茶也是很多人的愛好，泡茶享受悠閒時光的印象，也被暱稱為「泡老人茶」。

台灣氣候溫暖、潮濕，是絕佳的產茶環境，早期農業時期，台灣主要出口茶葉、樟腦和蔗糖，被稱為「台灣三寶」。台灣茶除了味道濃醇之外，品茶更能帶給人愉悅及放鬆的感受，一向被世人視為「養生聖品」。除了原生茶，台灣在國際上最有名的便是「烏龍茶」。台灣知名的「凍頂烏龍茶」發源地，是在一八七五年間，張氏兄弟從安溪引進純種鐵觀音，在木柵山區種植，也就是台灣最早的鐵觀音。

台灣茶樹的栽種，始於早期大陸移民來台，產製方法來自福建武夷，開始製造烏龍茶供應島內消費。一八五八年英法聯軍攻擊中國，迫令締結天津條約，規定台灣府（今台南市）為國際通商口岸，開啟了台灣茶葉外銷年代。由於品質獨特，英女王將白毫烏龍茶稱為「東方美人茶」，由此聞名國際！

一九七〇年代，當時中國民俗學會理事長提議，以「茶藝」為茶文化代表名稱，此為現在「茶藝」文化名稱的由來。各地開設了許多古色古香、具有藝術氣息的「茶藝館」，讓民眾前往泡茶，成為聚會聊天的場所，興盛一時。之後，台灣茶葉的產銷以內銷為主，外銷為輔的型態，手搖茶飲店也開始出現。

台灣得天獨厚的地理環境與氣候，是台灣茶好喝的秘訣。在台灣，茶區幾乎遍佈全島，而不同的海拔及土壤環境，則造就了不同的品種。以下介紹幾種知名的台灣茶：

◆ **文山包種茶**：主要產區為坪林、石碇、新店。青心烏龍、台茶十二號、台茶十三號等茶種，都可製作包種茶。品質最好的是青心烏龍，略帶著清雅花香，香氣十足。

◆ **高山烏龍茶**：梨山大禹嶺、阿里山衫林溪為著名茶區。梨山烏龍茶，屬於台灣最有名的高山烏龍茶，大禹嶺烏龍茶可以說是高山茶王，茶區罕有產量稀少，產於海拔二千二百公尺以上的中央山脈山系中。因海拔高冷，山間水氣充沛，冬季溫度時常在攝氏零度以下，茶菁甘甜葉肉厚實，當茶水沖泡時，渾厚的豆香伴隨山野間的清新撲鼻而來，茶湯色澤淺金黃透亮，茶湯甘醇濃郁持久。

◆**凍頂烏龍**：茶種為青心烏龍，原產地在南投縣鹿谷鄉，是台灣重要的茶園。最具名的就是凍頂烏龍，凍頂山上所產的凍頂烏龍，焙火味明顯，略帶荔枝香和蜜味，口感甘甜。

◆**紅玉紅茶**：南投魚池鄉的日月潭紅茶，茶湯明亮鮮紅，是亞洲最有名的紅茶精品之一。茶香具有天然肉桂和薄荷香，口感鮮明溫潤，帶著香氣與天然的甘甜。

◆**鐵觀音**：產區在木柵，經焙火和發酵後，有濃郁的茶香，保留微弱果香，是木柵鐵觀音的特色。

◆**東方美人茶**：又名白毫烏龍茶、膨風茶、椪風茶、福壽茶，主要產地在新竹、苗栗一帶，是發酵程度較重的茶，特點是沖泡下不苦不澀。茶樹嫩芽經小綠葉蟬吸食後，長出「著涎」的茶菁，所以有著濃郁的蜜香、果香。東方美人茶的產量稀有，一直是茶中珍品，西方譽之為「東方美人」（Oriental Beauty）。

28

珍珠奶茶

台灣手搖飲店隨處可見，其家數比便利商店還多，手搖飲料店可說是台灣的特產之一。炎炎夏日來上一杯「珍珠奶茶」，也成為許多台灣人每天的例行公事！一九八〇年代起源於台灣的「珍珠奶茶」，由於「QQ的珍珠粉圓」口感特殊，受到廣大歡迎，成為台灣最具代表性的美食之一，並從台灣流行至世界各地！台灣某品牌的「珍珠奶茶」，甚至成為繼星巴克、麥當勞後，第三個進駐羅浮宮的餐飲品牌，正在世界上發光發熱！

珍珠奶茶（英譯：Bubble tea），簡稱珍奶，又稱波霸奶茶（Boba milk tea）、泡泡茶（Bubble Tea），是台灣代表性的飲料。風靡海內外人士，來台灣沒有喝珍珠奶茶，可以說是沒有來過台灣！日本藝人三原慧悟愛喝台灣的珍珠奶茶，不僅為它寫了一首〈珍珠奶茶之歌〉，二〇一八年十一月在台北演唱會時，並於現場準備了六百八十公升的巨大珍奶，與粉絲一起享用！創下了「最大杯珍珠奶茶」的金氏世界紀錄，可說是最愛台灣珍奶的外國人了。

現在，在日本掀起的「台灣珍奶熱潮」，除了顛覆日本人不邊走邊吃的習慣，更衍生出「珍奶拉麵」、「珍奶泡飯」等珍奶料理。甚至有珍珠奶茶的主

題樂園：「東京珍奶樂園」（東京タピオカランド），在東京原宿開幕。裡頭展出了各式珍珠料理（如珍奶可樂餅、珍奶鬆餅、珍奶咖啡等），更有珍珠球池、彩虹珍奶杯等，可見日本人對珍珠奶茶的瘋迷！

而台灣的手搖茶飲店，多年來的主力商品一向都是珍珠奶茶，也是紅到不可思議的地步。二〇〇四年，陳水扁政府提出對美國三項軍購案，當時國防部推出文宣，喊出「一天少喝一杯珍珠奶茶」的口號，可見珍珠奶茶在台灣的受歡迎程度。

珍珠奶茶起源於台灣是肯定的，但到底是何年何月，由誰發明的？「春水堂」和「翰林茶館」都聲稱是自己發明珍珠奶茶。春水堂的林秀慧說，自己在一九八七年偶然將粉圓加入奶茶中，黑粉圓就像一粒粒的黑色珍珠，故名「珍珠奶茶」；「翰林茶館」涂宗和則說，一九八六年在市場看到白色粉圓得到靈感，因白色粉圓剔透如珍珠，而命名「珍珠奶茶」，之後粉圓加上黑糖才變為黑色。雙方互告到法院，經過十年訴訟，雙方皆無法取得專利。

實際上，QQ的珍珠原料是「樹薯」，也稱「木薯」，擷取其根莖部分的澱粉製成。珍珠本身是半透明的，珍珠奶茶中最常見的黑珍珠，是加上黑糖後產生的顏色。一九九〇年代，珍珠奶茶開始出現於「泡沫紅茶店」，受到學生喜愛，之後業者引進「自動封口機」取代傳統杯蓋，使外帶式的珍珠奶茶店成為主流。之後，商家開始拓展到全世界。在國外，從原料到機器，都要從台灣進口，正港台灣味的「珍珠奶茶」，遂在國際上流行起來。

好喝的珍珠奶茶，會用上等的紅茶為基底，茶味濃郁、有香氣，入口滑順，還會回甘，與奶香交融合流，形成香濃薈萃的奶茶。至於關鍵要角「珍珠」，則經過了多道繁瑣的工序，包括過篩、快煮、翻攪、慢熬、燜煮、冷卻……等步驟熬煮而成。圓潤滑溜的珍珠Q彈順口，隨著奶茶滑進口中，越嚼越過癮，與濃醇的奶茶相輔相成，令人忍不住一口接著一口。無怪乎，台灣海內外人士，都如此為珍珠奶茶瘋狂了！

29

鳳梨酥

說到台灣伴手禮，絕對不能不提的就是「鳳梨酥」。一顆顆揚名國際的「黃色金磚」，成為國內外旅客必買的十大國際伴手禮之一，創造了年產值高達三百億新台幣的經濟奇蹟！鳳梨的台語「王梨」（ông-lâi），諧音為「旺來」，有興旺、好運的意思，被台灣人當作逢年過節饋贈親友的最佳禮品，廣受喜愛。

好吃的鳳梨酥，外皮蓬鬆酥脆、有牛奶香氣，內餡則要有天然鳳梨果香、且口感酥鬆適中、入口即化。餅皮主要是用高筋麵粉和奶粉製成，吃起來有奶香；內餡使用新鮮鳳梨、冬瓜醬製成，吃起來軟硬適中，甜而不膩，有淡淡的鳳梨果香。現今的「鳳梨酥」，結合西式派皮與中式鳳梨餡料，連西方人也讚譽有加，成為觀光客最喜歡的台灣伴手禮！

台灣婚禮習俗中，訂婚禮餅共六種，代表六禮，其中鳳梨又稱「旺來」，象徵子孫旺盛的意思；而鳳梨亦是台灣人拜拜常用的貢品，取其「旺來」之意，深受民眾喜愛。訂婚需要準備的龍鳳餅，龍餅以肉為餡料，鳳餅以鳳梨為餡料，可是鳳餅因為太大了，需要分切才能吃，後來慢慢經過改良，縮小成容易入口的小餅，鳳梨酥即是由此誕生！

鳳梨酥內餡，其實並不是單純的鳳梨。一九八〇年代糕餅師傅加入冬瓜混合鳳梨餡，這樣吃起來口感比較佳，製作出早期的傳統鳳梨酥，甚至還有僅用冬瓜餡製成的鳳梨酥。台灣冬瓜產量豐富，從百年前就輪作種植在全台的稻田上，原料取得容易。台灣人將冬瓜加工後製作的內餡口感，不僅綿密而且Q彈，當成食品原料做成如「冬瓜茶」、「冬瓜鳳梨酥」等，都是台灣早期著名的加工農產品，傳承至今。

近年來，由於台灣鳳梨品種改良優異，酸甜比例佳、果肉纖維細緻，與早期甜度較低、纖維較粗的鳳梨相比，品質不可同日而語，因此不少商家推出「純鳳梨內餡」的土鳳梨酥。雖然鳳梨的纖維較冬瓜粗、口感不及冬瓜餡綿密Q彈；但純鳳梨餡的天然濃郁果香及酸甜味，又是冬瓜餡所沒有的，因此「純鳳梨內餡」的土鳳梨酥，也造成了一股新風潮。

為了滿足人們養生健康的需求，現在的鳳梨酥有了五穀雜糧、松子、水果、蛋黃、栗子等多樣化的口味；餅皮也加入燕麥等食材，口感更為多元。也有業者使用其他水果做餡料，發明了如香瓜酥、蜜李酥、酸梅酥等新產品。隨著時代演變，鳳梨酥的版本也不斷地創新，不僅是海內外觀光客最喜歡的台灣伴手禮，也是無可替代的台灣靈魂食物！

30

台灣汽水國家隊

台灣不僅手搖飲料店林立，便利商店的飲品種類也十分多元。從茶類、咖啡、果汁到碳酸飲料應有盡有，有國外品牌也有本土品牌，都深受民眾喜愛。其實，俗稱「汽水」的碳酸飲料，除了可樂之外，也有不少台灣本土品牌，這些口味獨特、長銷幾十年的「經典神款」，除了好喝之外，喝的全是台灣人的回憶！可稱為「台灣汽水國家隊」！

「黑松沙士」外觀為深褐色、有甜味，是一種不含咖啡因的碳酸飲料，一九五〇年上市。「黑松沙士」色澤雖近於可樂，但口味跟其他汽水明顯不一樣，有股中藥味，夏日時來上一杯既消暑、又解熱，深受台灣人喜愛，為台灣人最常喝的飲料之一。還衍生出多種飲用方式，如加鹽巴，據稱解熱又可治中暑。剛推出時，其特殊口味被笑稱像是在「喝藥水」。沒想到，「黑松沙士」一路熱銷七十年，至今銷售逾六十六億瓶，可以繞台灣超過一千零五十圈，成為代表台灣印象的經典飲料！

很多來台灣的外國人試飲之後，反應大不同：有覺得難喝的，也有一試成主顧的。許多人推測因為黑松沙士有中藥味，外國人不習慣；日本人則說有「撒隆巴斯」、「貼布」的味道，所以沒有紅到國外。其實，國外也有類似的汽水Root beer，美國Root beer在一九三〇年代被引進上海，黑松公司從上海再引進台灣，加入獨特秘方調配，成為台灣獨特的飲品。

跟全球熱銷的可口可樂一樣，黑松沙士的配方，知道的人沒有幾個。外界盛傳，黑松沙士成分標示中的「香料」，也就是「獨特配方」，掌控在高層少數人手上，更增添其神祕性。沙士（Sarsaparilla）是一種碳酸飲料，是以植物墨西哥菝葜（Sarsaparilla）為主要原料，因此得名。

另一個台灣人的國民飲料，就是「蘋果西打」！其汽水、蘋果比例調配得恰到好處，又能享受到氣泡口感，有「兒童香檳」的美譽，深受大家歡迎。不管是吃熱炒、羊肉爐或薑母鴨，很多人的搭配飲料一定是蘋果西打，是台菜餐桌上的最佳飲品！此外，喜歡混酒喝的人，蘋果西打加什麼酒都好喝，尤其是，混玫瑰紅酒更是絕配，質感可以大幅提升。

擁有近一甲子歷史的「蘋果西打」，一九六五年由美國引進配方，製造果汁汽水，開始販賣。一九八〇年代，一度成為台灣果汁碳酸飲料銷售冠軍。有趣的是，連外國人都喜愛，日前美籍YouTuber「莫彩曦Hailey」，曾拍片讓

家人品嚐五種台灣飲料，只有蘋果西打一致獲得超高評價，孩子大讚「天上來的飲料！」連丈夫也不禁直呼：「為什麼美國的一般商店買不到？」

「維大力！」「義大利？」「Is it a good to drink?」你還記得這支汽水廣告嗎?當年蔡振南和伊馮，以逗趣的對話席捲全台，這支汽水廣告在一九九八年推出後，也擦亮了台灣汽水「維大力」的品牌，讓「維大力」汽水成為台灣人的集體記憶！

「維大力」汽水是台灣汽

水界的老字號，一九六四年南亞食品公司從日本引進維大力汽水，號稱是「全國第一支添加維他命的營養飲料」，添加了維生素B2的維大力汽水，呈現出金黃色。一般添加維生素的飲料，喝起來普遍會有藥味，但維大力汽水的調配，不會喝到滿口藥味，反而感覺口感清爽。之後風行於台灣，成為流行的汽水飲料。

至於老外對「維大力汽水」的感想，則因口味太過特別，許多人無法表示意見，甚至受到驚嚇的成分居多，有人覺得像是泡泡糖味道；覺得維大力的顏色不討喜，讓人聯想到尿液；喝起來像是蠻牛等。其實，這種其他國家沒有的口味，正是我將它列入「台灣汽水國家隊」的原因，或許細細品嚐後你會發現：

「It's a good drink !」

31

台灣零嘴代表隊

大家一定有這樣的經驗，出國旅行的時候，品嚐當地的特產跟料理，每天大魚大肉，好不愉快！但是，幾天後就開始想念起台灣的食物。這時如果能來點「台灣味」的零食，路上解饞，吃一口彷彿回到台灣；吃一口「台灣味」零嘴，也像進入時光隧道回到童年，國小郊遊遠足的愉快回憶歷歷在目，輕鬆愉快的心情，身心靈都得到了滿足！想不到，「台灣味」的童年零嘴，真的有這樣的魔力呢！

經典的國民零食，首推「科學麵」與「王子麵」這類的脆麵，具有三十年以上的歷史，相信大部份台灣人一定都吃過，是我者從國小時期就吃到大，現在仍熱賣長銷的商品之一。吃之前先將麵體壓碎，再加入調味鹽，均勻搖幾下就可以直接生吃，麵體脆脆的口感，加上調味粉的鹹香味，是童年記憶中經典中的經典！尤其是，上課的時候偷吃個兩口，讓「科學麵」與「王子麵」成為許多國小學童心目中最愛的零嘴！

對台灣人來說，「科學麵」與「王子麵」是從十歲開始，到五十歲以上還持續吃的「台灣味」零嘴，很多人都是這樣長大的，將其稱之為台灣零嘴的代表，當之無愧。也是旅居國外的台灣人，喜愛的經典台灣零食之一！此外，它不只是解饞的零嘴，也是許多滷味店、火鍋店的必備食材之一，鹹香口味的泡麵，可變化多元的搭配方式，受到許多人的喜愛。

裕榮食品的「蝦味先」，也是老字號的經典零食，每咬下一口，口中滿滿的蝦味，鹹香的口感，又不會讓人吃了覺得很口渴，是相當適合配啤酒的零食之一，也是我心目中代表性的「台灣味」零嘴！許多在海外的台灣人，因為工作、學業、疫情等狀況無法返台，思鄉之餘，表明自己吃著某些零食就會想起台灣，很想念「台灣味」的零食，「蝦味先」就是其中之一。

像這類的童年零嘴，吃了會讓人想起台灣，感受到家的味道。在海外最想念的台灣經典零食，其實還有很多，尤其每一家廠商在台灣都貢獻了幾十年的心血，都是老品牌，已經成為台灣人的集體的在地印象！

比如這款，從小吃到大的台灣零嘴代表，鼎鼎大名、如雷貫耳的「乖乖」。講到它的名字，台灣人都知道，就是這樣的存在感！不管是鹹的五香乖乖，還是甜的椰子乖乖，都是民眾喜愛的經典口味。長久以來，「乖乖」的品牌名，已經深植於台灣人的心中，現今許多廠商在拜拜祭神的時候，都會購買「乖

科學麵
王子麵
Prince

乖乖
奶油椰子
餅乾18元

乖」，來祈求工作順利、沒有差錯；辦公室的電腦上也都要擺上一包「乖乖」，預防電腦當機、不聽話，成了辦公室常見的景色！

還有聯華食品出產的「可樂果」，螺旋狀的獨特造型，脆脆的口感以及蒜香味，讓台灣人相當回味，成為長銷商品之一。許多人看電視、電影的時候絕對要來一包，是它的死忠粉絲，當然也是台灣啤酒的良伴。甚至連許多外國人來到台灣，都迷上這款零食。

「孔雀香酥脆」也稱霸了好幾個世代，餅乾形狀是一隻魚的形狀，搭配經典醬油的口味，讓不少海外人士非常想念！許多人認為，孔雀香酥脆十足是一個「下酒聖品」，相當適合拿來搭配酒類。

華元食品出品的「真魷味」，也是台灣經典的零食，不論是餅乾的形狀或是調味上，都讓人感受到「魷魚感」，很多人覺得真魷味的醬香味，在海外吃到的話，很容易就會聯想到台灣的海產店。

32

台式的酒吧——熱炒店

歐美有所謂的酒吧文化，日本也有居酒屋文化，都是可以聚會小酌的地方。在台灣，如果你想要與親友晚間小酌一杯，要去哪裡呢？就是台式酒吧「熱炒店」！半開放式的店面，隨興排列的矮桌椅，圍坐在桌旁的客人，忙著上菜的服務生，還有推銷酒類的酒促辣妹。充滿台味的熱炒店，有道地的台式料理，亂中有序、不拘小節的用餐文化，這就是台式酒吧——熱炒店！

在熱炒店中，人們圍著一桌共食，有的談生意、有的是朋友敘舊，聊著日常人生，啤酒一杯一杯地下肚、交談聲此起彼落，空氣中菜香四溢。熱炒店就如同台灣社會的縮影，吃飽最重要，沒有太多拘束禮節，酒足飯飽之餘，也充滿著人與人之間的情感交流。

熱炒店的崛起，是因應台灣外食文化的需要，其快速烹煮之特性，讓熱炒店又稱「快炒店」。一開始源於街邊攤販，以現場大火熱炒來提供餐點，發展成現今所見之熱炒店。豐富的菜單，海鮮、山產料理羅列，炒、煎、炸等快速烹調的方式，猶如台灣多元融合的社會！

許多人喜歡聚餐時到熱炒店用餐，除了能享用大火快炒的台式料理之外，還能大口喝酒，在酒酣耳熱之際，炒熱聚餐的氣氛！符合台灣人不拘小節、吃飽最重要的習性；熱炒店的快速出餐、豐富的菜色包山包海、價格便宜，讓熱炒店在一九九〇年代後迅速發展。熱炒店必吃的品項非常多，台式的料理方式，帶出滿滿的「台灣味」是其中的重點。

第一首選是「菜脯蛋」，酥脆金黃的外皮，紮實有料的內在，沒有華麗的外表，就是一道平淡簡單的菜色。就有人認為：「哥吃的不是菜脯蛋，哥吃的是鄉愁，是對母親的思念。」

再來，就是白飯小偷的「客家小炒」，魷魚的鮮、豆干的香、五花肉的嫩，又香又下飯，絕對是必點熱炒之一！也不能忘了點「蔥爆家族」，不管是豬牛羊，只要蔥、薑、蒜、辣椒下去爆香，大火快炒起鍋，一道香又下飯的料理就上桌！

當然，講到台式熱炒料理，絕對不能少的就是「三杯雞」！三杯指的是一杯米酒、一杯醬油、一杯豬油，是贛菜中常見的調味手法，加上濃郁的九層塔香，成為台式的料理代表作，是台灣人的最愛！近年來，「三杯雞」甚至成為洋芋片的口味，已經成為一道台式經典的菜餚！

「宮保雞丁」以雞肉丁為主，搭配香脆的花生，再炒上辣椒，讓人吃了還想再吃！除此之外，「沙茶牛肉」、「鹹豬肉」等，也因口味偏重適合下酒，成為必點菜色。而蔬菜類的「炒高麗菜」、「炒空心菜」及「炒水蓮」的高人氣，也被認為是熱炒店的「蔬菜類三神器」，被讚譽為只有熱炒店剛炒好的高麗菜才是最好吃的。

至於酒吧中的重點「酒精飲品」，是擔任什麼角色？「熱炒吃氣氛，食物適合下酒，因此啤酒才是重點」、「熱炒店不喝啤酒去幹嘛的」、「吃熱炒就開仕高利達、蘇格登這類順口的威士忌」。不少台灣人認為，吃熱炒搭配酒精飲品，更能快速炒熱氣氛，因此熱炒店被視為「台式酒吧」就是這樣來的！

33

台式早餐

我因為一年到頭帶團在國外旅行，回到台灣後，隔日一早便迫不及待地奔向巷口的台式早餐店，咬下蛋餅、韭菜包的那一刻，真的很感動！哥吃的是早餐，更是鄉愁！五、六十元就可搞定，平價又能很飽足，這種早餐店文化，混搭又多變的各式食物，是台灣獨有，成為台灣人的共同記憶！

遍布街頭巷尾的早餐店，近年來變成台灣的特色之一，吃一頓「台式早餐」，更是許多外國人到台灣旅遊必備行程之一。在台灣，早餐店不僅密度高，多元文化的融合，混搭出多樣化的早餐種類，也是世界公認的奇觀。從燒餅油條、蛋餅、鹹豆漿、漢堡、三明治，到牛肉湯、爌肉飯、煎盤粿、炒麵豬血湯，中西混搭、南北融合！不僅台灣在地人愛吃，很多外國人，對於台灣的早餐文化有很深刻的印象，有著很高的讚揚與肯定。

「台灣早餐店」，通常店內擺著一張大鐵板，老闆在那上面煎煮著早餐的各式食材，為最大特色！除了傳統的燒餅油條，還有必備的蛋餅之外，還有傳統的冰奶茶、豆漿，這樣的組合成為最經典的「台式早餐」。不僅如此，必備的食物百百款，西式的漢堡、吐司、三明治、蛋餅、紅茶、奶茶和咖啡等；中式則有燒餅、油條、小籠包、饅頭、豆漿和米漿等。經典的品項如：

◆ **蛋餅**：蛋餅是台灣早餐店的特色，是最具指標性的食物，除了原味的品項以外，可以加各種內餡，鮪魚、黑豬肉、培根、肉鬆等，搭配鹹甜的醬汁，很多人認為是台式早餐食物中最迷人的一種。

◆ **三明治類**：台式早餐店的三明治，事先做好擺在櫃檯上，便宜又有料，對趕時間的人來說，隨手一拿就能帶走，便利性非常高。而且，從純抹果醬、火腿蛋，到什麼都有的總匯，切成三角形的三明治，搭配變化多樣的食材，是不少上班族的早餐首選！

◆ **漢堡**：漢堡可以說是台灣早餐店的代表，這種台式漢堡，從牛肉、豬肉、雞排到魚排等，搭配著番茄、蔬菜及醬料，有著不輸麥當勞的品質卻只有一半的價格，大方又好吃，非常具有台式風格，台灣人一直很喜愛！

◆ **蔥油餅**、**煎餃**：大部分的早餐店也都有這類中式餐點，也是早餐店必備選項，其他像是蔥抓餅、韭菜盒等，都是作為副餐的好選項。

◆ **鐵板麵**：鐵板麵也是台式早餐店獨有的特色，就像日式炒麵一樣的做法，在鐵板上炒得熱呼呼，因而得名，通常會有蘑菇與黑胡椒兩種口味，再加上一顆蛋，保證讓你吃得滿足！

台灣的早餐文化起源於一九五五年，新北市永和區的「豆漿大王」在中正橋橋下創立，許多人們上工前會先吃豆漿當早餐，甚至變成凌晨的消夜，使得二十四小時營業的豆漿店開始流行。燒餅油條加豆漿，從那時起成為台灣人熱愛的傳統早餐。

而西式早餐文化，則源於一九七九年的「美而美」早餐店。起初是一位林坤炎先生，他賣的西式早餐既便宜又特別，大受歡迎，後來在台北市八德路上開設「美而美」。「美而美早餐店」透過加盟、其他店家模仿後，深入台灣人的牛活。當時的早餐店幾乎半數都冠上「美而美」三個字，成為「台式漢堡早餐店」的代名詞。

這一類的「台式漢堡早餐店」，從那時起就如雨後春筍般開設，食物也開始融合中西，發展出台式風格的早餐，如今演變成獨特的台灣早餐文化！而到底台灣有幾家這樣的「台式早餐店」？據統計，二〇二〇年就高達一萬一千四百六十五家，比四大連鎖超商還多。台式早餐文化的獨特風格，或許早已扎根，成為台灣人心靈皈依的靈魂食物！

水煎包
高麗菜包
韮菜包
鮮肉包
蘑菇麵
黑胡椒麵
加蛋
加肉 15元
非基因改造頂級

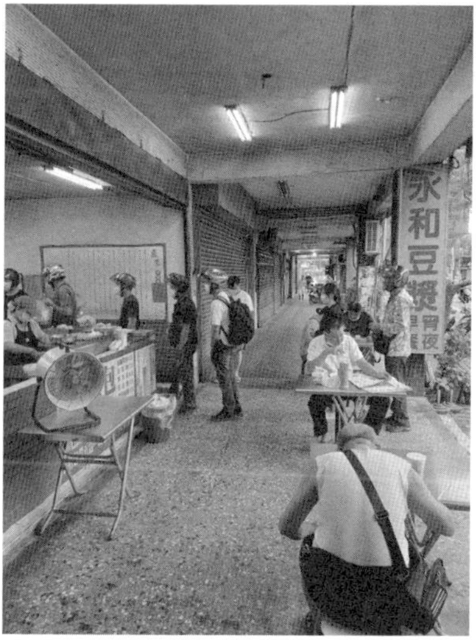
永和豆漿

34

素食餐廳

台灣以美食享譽國際，讓人驚訝的是，就連素食餐飲也是，台北曾被CNN列為全球十大素食主義者城市之一。在台北一共有超過二百萬人口吃素，被譽為「一個真正的素食天堂」，想在台北找到純素的美味餐廳是件非常簡單的事情！根據二〇二〇年的估計，台灣素食（又稱蔬食）人口高達三百三十萬人，為全世界第二。在許多名人、藝人帶動吃素的風潮下，蔬食人口連年增加！

近年來健康意識抬頭，愛護生命等議題，「彈性素食」的人增加不少，讓台灣蔬食商機每年高達六百億元以上，蔬食餐廳如雨後春筍般增加。早期台灣就有不少人吃早齋、初一、十五齋、鍋邊素或有期限的全齋。通常跟佛、道教的發願有關，主要受宗教因素影響，稱為「宗教素」。但近年來，認為素食有益健康、更加環保、保護動物等想法者則越來越多。

台灣是傳統素料王國，全台有大約六千家素食餐廳，從素肉、素排、素火鍋料、素魚、素雞、素鴨、素牛和素豬等仿葷素肉等，應有盡有，價格低廉種類繁多。傳統素料是使用黃豆萃取物豆粕做為主要成分，素食餐點製作相當精緻，味道、口感也很好。台灣衛生福利部把素食分為五類，分別是「全素或純素」、「蛋素」、「奶素」、「奶蛋素」、「植物五辛素」。

台灣素食人口多，約佔總人口一三％，要找到素食也變得很容易，除了餐廳之外，台鐵、高鐵、航空公司等都有素食供應，乃至各大醫院、百貨商場、便利商店也都有素食專區。二〇一九年，統一超商推出「蔬食專區」，販售乾貨零食、冷凍熟食等，更推出「天素地蔬」品牌；全家便利商店除了原有的乾貨、冷凍櫃素食產品之外，更寄賣美國Beyond meat，嘗試減少肉量的葷食客群。

連鎖咖啡店品牌的部分，丹堤、星巴克、怡客、Cama、路易莎、西雅圖、伯朗、８５℃等店，也紛紛推出植物肉餐點，或更換傳統牛奶的飲品，改以豆奶、植物奶等。今日，幾乎全台所有知名連鎖咖啡店品牌，都能喝到無奶的咖啡。

國際上的蔬食風潮也方興未艾，速食龍頭麥當勞推出素肉漢堡「不可能漢堡」（Impossible Burger），由小麥、馬鈴薯、椰子油製成漢堡排，含有大豆提煉「血紅素」（heme），據說味道跟真的肉不相上下，幾可亂真。而台灣本土素肉老牌，也推出不同於素肉的「植物肉」、「蔬福漢堡排」等。連八方雲集也在二〇二〇年初，和Green Monday合作推出「新蔬食鍋貼／水餃」。

每年十一月二十五日是「國際素食日」（International Meatless Day），在這天全球約有一千萬人響應吃「蔬食」。近年來台灣提倡吃素的團體越來越多，宗教公益團體，環保公益團體、明星藝人等都有在提倡蔬食，帶動吃素的風氣。期許未來，台灣不只是「美食天堂」，更邁向「蔬食天堂」，共同為地球盡一份心力！

35

辦桌文化

「辦桌」為民間筵席的一種，諸如婚喪喜慶、新居入厝、彌月慶生、尾牙春酒、廟會慶典等，都會邀請親朋好友一起前來同歡慶祝。由於辦桌相當符合台灣人熱情、好客、豪邁、大方的特性，在多數台灣人的記憶中，一定都會有幾次的吃辦桌經驗。辦桌的豐盛料理，與喧嚣熱鬧的人情味，是重要的在地飲食文化，也是台灣人的共同回憶！

「辦桌」（pān-toh）一詞為台語發音，其歷史可以追溯到清治時期，在福建、廣州傳統稱作「辦酒」或「到燴」的宴客文化，隨著移民流傳到台灣。日治時期，農村地區開始出現類似現在的辦桌活動，由村民們互相幫忙，做好菜之後大夥一起享用。

現在台灣的辦桌，仍常在馬路邊舉辦，直接就搭起棚架、遮雨棚，或是以寺廟廣場、學校操場、閒置空地作為場地，現場搭起爐灶，露天式的烹煮食物；用不鏽鋼架起大圓桌及圓凳子，讓大家圍著桌子共同享用。因為場地費支出不多，主要的花費都在食材之上，著重的是好吃、大方，主要目的在賓主同歡、聯絡交誼。主辦者常會加入娛樂節目，聘請藝人唱歌跳舞，甚至會請脫衣女郎來跳鋼管舞，熱絡氣氛！

菜色方面，都是以台菜為主，一般會出十二至十四道菜，包括冷盤、熱炒、羹類、湯品、主菜、甜點等，經典菜色如烏魚子、佛跳牆、豬腳、石斑魚、雞湯等。但也有地區差異，如濱海地區屏東潮州、東港的菜色幾乎以海鮮為主，像龍蝦、九孔、石斑魚；北部人吃得較鹹；南部人口味則喜愛偏甜等。有些辦桌，還會準備打包用的塑膠袋，讓賓客不只吃飽，還能打包回家「有吃又有拿」，顯示主人的大方及好客。

偶爾會遇到上百桌、大型的辦桌活動，上千人的參與好不熱鬧，可以免費從早吃到晚，客人和菜餚像流水一樣地來來去去，因此被稱為「流水席」。「流水席」開放給任何人都能來吃，時間也比較長，多為地方仕紳回饋鄉里，或是廟會舉辦的大型活動。相較之下，「辦桌」屬於私人性質，由主人發出請帖邀請的客人才能參加。

在辦桌活動中，「總鋪師」是關鍵人物，負責整個宴會的菜色與流程，可以說「總鋪師」一詞，就足以代表台灣的辦桌文化。在總鋪師之下，有專業的廚師以及學徒，還有一些人來幫忙切菜、洗碗、上菜、打掃等工作。

台灣的辦桌活動，約在一九七〇年代興起，至一九八〇年代最盛。目前全台辦桌行業最興盛的是高雄市內門區，全區一萬多人口中，幾乎每五戶就有一戶是靠外燴辦桌維生，有超過一百五十組的「總鋪師」。二〇〇一年起，交通部觀光局將內門的辦桌列為「臺灣地區十二項大型地方節慶活動」之一，台灣辦桌文化已成為珍貴的民俗文化資產。

第四章

台灣人的生活日常

DAILY ROUTINE IN TAIWAN

36

便利商店

台灣的便利商店既密集、家數又多，「Always Open」的超商已經成為台灣印象！從大都市到小鄉鎮，到處都是二十四小時營業的便利商店，日常生活也幾乎都能在便利商店解決。營業項目百百款，飲料零食、三餐、悠遊卡加值、寄收包裹、買車票等等，幾乎沒有便利商店做不到的事。就連外國人也讚譽有加，台灣的便利商店可是地球上最方便的地方！

據資料顯示，台灣人超愛便利商店，平均每二千二百二十一人就有一家，但在全球排名卻只是第二名；第一名為南韓，平均每一千四百五十二人就有一家便利店，密集度居全球之冠；第三名則是日本，每二千二百四十八人一間。據經濟部統計，台灣便利商店賣最好的商品是飲料、菸酒，飲料中的咖啡類是銷售冠軍，佔了七・一%。

以門市據點來看，民國一〇九年底，台灣連鎖超商包括7-ELEVEN、全家、萊爾富、OK超商及台糖蜜鄰等，共計一二九八五家店。根據內政部統計，以台北市六・四五家店／平方公里密度最高，第二為新竹市三・一一家店／平方公里，第三為嘉義市二・〇二家店／平方公里。密度最低則為台東縣與花蓮縣，皆為〇·〇三家店／平方公里。

就像廣告詞中說的「全家就是你家」，台灣人把便利商店當作自己家，據公平會二〇二一年七月數據資料顯示，國人平均一年會逛便利商店一四七次，至少每二天要逛一次，甚至有一天跑三次的也大有人在。自一〇一年至一〇九年，門市總數及平均每人每次消費金額均呈現逐年增加，可見便利商店已成為台灣人日常生活的一環。

而每次消費八四·一六元，到底都買了什麼？資料顯

示，以一般食品類銷售項數最多；銷售金額則以菸品、熱食（包含便當、三明治）及飲料類居銷售前三名。

而很多人去超商的原因，其實並不是去買東西，現在超商簡直已經是「超級便利」商店了！尤其是這幾年，隨著疫情延燒，網路購物逐漸普及的情況下，超商也成為網友選擇寄貨、取貨的管道，只要順路走到超商，就能輕鬆拿到網購的商品。

此外，超商幾乎什麼帳單都收，不管是水電費、信用卡費、學費、地價稅、牌照稅等帳單，一併拿到超商進行臨櫃付款，就可一次繳清家中的經常性費用，真的是超級便利！若是需要提領現金、轉帳時，超商裡也有 ATM。不僅如此，還可以兌換五、六獎的中獎發票；影印、傳真文件；買高鐵票、買演唱會門票；就連因應疫情政府發放的口罩、政府五倍券，也可透過超商登記與領取。只能說，台灣的便利商店實在是太神奇了！

到了夏天，我們也會「順路」走進超商吹冷氣，再順便逛逛有無想買的零食！更不用說，在外面尿急的時候，二十四小時開放、隨處可見的便利商店，當然成為民眾借用廁所的第一選擇。各位客官可要知道，在歐洲上廁所可是要付費的，台灣的這種服務，讓很多來台的外國人驚訝不已！

這麼方便的便利商店，怪不得台灣人不消費也去爆！不過在包山包海的超商當店員可就累慘了，不僅要具備十八般武藝，什麼都要做，還得應付形形色色的顧客，也真的是不容易。

37

馬路三寶，交通不安全

「馬路三寶」指的就是不顧交通規則、交通號誌，隨心所欲的駕駛者，不管是騎機車或駕駛汽車，都有這樣的狀況。主要是年紀大的老先生或是婦女，以及沒有觀念的年輕人，常常一個突然的左切、或是從內線不打方向燈也不顧後方來車，突然的一個神右轉。當然，常常造成交通事故。

「馬路三寶」駕駛最讓人頭疼之處，就在於欠缺行車觀念，不遵守交通規則亂開、亂騎，造成自己與他人的危險。「三寶」其實並沒有指定是哪一個族群，從最早指的是不會開車的女人、老人、老女人，到機車、腳踏車騎士，泛指沒有明確違規，卻危害到其他用路人安全的白目駕駛。

若仔細分析汽機車「NG駕駛三寶行為」，比如「轉彎不打方向燈」、「任意變換車道」、「內側右轉／外側左轉」等行為，這種驚心動魄的大轉彎，最容易造成後方車輛追撞。其次，「逆向行駛」、「闖紅燈」、「右側超車」及「無預警急煞」，也常常出現在新聞報導中，都是造成交通意外的主要原因。

還有，很多用車人「開車門不看後面」，無預警、突然的打開車門，讓後方的機車、腳踏車騎士反應不及、迎面撞上，騎士跌個狗吃屎還算是輕微的，嚴重的則再被後方車輛追撞，致死的案例也不勝枚舉。這種「三寶行為」，彷佛是用車門攻擊機車騎士，非常危險！

令人汗顏的，台灣交通的危險程度，日前已經獲得日本台灣交流協會的認證。台灣再次躍上國際舞台，吸引世界目光。

日台交流協會的「台灣在留邦人安全の手引き」（台灣日本僑民安全指

南），其中第二項第九點「交通事故對策」註明，台灣有著比日本還高的交通事故風險，並引述台灣警方統計，交通事故的數量高於犯罪數量。因此提醒日本民眾，應注意並防範事故的發生，裡面甚至指出，日本人應該對台灣交通條件與風俗習慣上的差異，要有明確的意識。

1. 台灣駕駛傾向車輛優先，而不是行人優先。應該要時刻注意其駕駛禮節與日本不同。
2. 任何時段，即使是綠燈過斑馬線，也應該確實確認周圍車輛。
3. 請小心在行人面前勉強通過的右轉車輛。
4. 機車在人行道停車是常見狀況，機車在人行道騎行也時有所見。即使在人行道步行，也請注意前後摩托車的騎行狀況。

38

你是台灣哪裡人？

台灣雖小，但每個地區各有截然不同的生活模式，造成不同地區的風情及特色！最常被討論的各地差異，如台北市房價居高不下，被稱為「天龍國」、生活步調快、防備心重；中部人開朗海派，口頭禪是「真的假的」；南部人熱心、有人情味等。這些各地台灣人的特性，往往一個動作、一句話，就可以分辨出是台灣哪裡人。

首先談談飲食習慣，說起南北人的口味差異，第一個反應肯定是「南部飲食的口味都比較甜」！「南甜北鹹」可以概括台灣南北飲食特色。南部早期種植甘蔗、生產蔗糖，也會用於料理中，是富裕人家才能吃得到；而北部多為客家人、外省人，因此有北部飲食較鹹的說法。而國民美食滷肉飯，除了南部偏甜之外，在南北稱呼也是大不相同！北部人的「滷肉飯」，在南部人眼裡稱為「肉燥飯」；而南部人眼裡的「滷肉飯」，在北部人眼裡變成「焢肉飯」。

在物價上，也有明顯差異！尤其是房價，是南北最大的差別之一，畢竟北部是台灣最國際化的區域，有著較多的工作機會，當然租金跟房價就偏高。在食物的價格上，南部許多美食好吃又便宜，但北部成本租金高，花費遠超過南部。

交通方式的差異上，北部人比較習慣搭乘大眾運輸工具，是北、中、南、東四大區域裡，唯一走路比例大過汽機車的，因此被揶揄北部人愛走路，這可從台北捷運、公車等大眾運輸系統的發達就可得知！而南部很多人騎摩托車，以及被取笑特有的「高雄式左轉」。

南部人個性普遍較為熱情，所以比北部人好客，人情味也特別的濃厚。這也反映在騎機車上，北部民眾在綠燈轉黃燈時大多會放慢速度，而南部人在印象中則是會加速衝過去，甚至沒有戴安全帽的也不少，隨興而自由。而台灣人對外國人友善，想不到也有南北差異，南部人看到外國人講中文，往往覺得很驚訝，但是北部人就覺得沒什麼。

在天氣方面，南部冬天的時候比較舒服，但是夏天非常炎熱；南部人怕冷，稍微降到二十度就喊冷，但北部人可能到十五度才覺得冷。

還有一些語言使用上的微妙之處，南部人講話直接，北部人講話婉轉，需要猜一下；北部人討厭一個人不說討厭，而是說「我跟他不熟」，南部人直接說討厭，還會說「我都不跟他講話」；北部人的拒絕是說「我想想」，南部人的拒絕就是說「不要」；南部人的微笑是認同，北部人的微笑是拒絕；南部人的北部是台北、新北、桃園、基隆，北部人的南部是，除了台北、新北都是南部。

就這樣，南北各地區民眾的互相取笑，已經變成台灣人的生活中，無傷大雅的的一種樂趣！

39

手搖茶飲

台灣手搖飲店隨處可見，從財政部統計資料來看，二〇二二年四月全國飲料店數創下歷史新高，達二．二萬家店，比便利商店還多出一萬家。其中，高雄和台南為全台手搖飲店數最多的縣市，高雄市手搖飲家數三六五六家、占比一五．八八%居冠；台南市三三三三家、占比一四．四八%，位居第二。手搖飲料店可說是台灣的特產之一，五十嵐、COCO都可、清心福全、茶湯會、大苑子、天仁茗茶等，各種品牌的手搖飲料店，走在路上也隨時可見台灣人手上一杯手搖飲料，成為台灣獨特的風景！

台灣從一九四六年進入「茶金」時代，茶葉一度比金子還珍貴，東方美人茶的天然蜜香讓歐美驚豔，當時每年茶葉外銷都在二萬公噸左右。如今，走過七十多年來，從茶葉出口大國，到手搖杯大國；從二十四小時營業的泡沫紅茶店，到炎炎夏日人手一杯的連鎖茶飲店，台灣茶飲風潮依然盛行。台灣已從「茶葉王國」變身為「手搖杯大國」，台灣「茶文化」的進化與升級，讓世界看見台灣！

台灣的手搖茶飲店，近三十多年來攻城掠地，在海外不斷展店：聯發國際

自備飲料杯
省5元
LATTEA

「歇腳亭」全球共有三百五十家店，是美國市占率第一的台灣手搖飲品牌，全美店數達到一百三十一家，也進軍科威特大賣珍奶；六角國際的「日出茶太」、天仁茶業的「喫茶趣」與CoCo都可茶飲等，海外店數皆已多過國內店數，顯示出台灣已成功轉型為「手搖杯大國」！

台灣傳統的茶館、茶藝店雖然式微，但街頭密集的手搖杯飲店，延續了茶王國的餘暉。更不用說，台灣茶的高品質一直都是市場保證。根據財政部二〇二〇年九月的報告顯示，二〇一九年我國茶葉出口一萬公噸，出口值達一．二億美元。其中烏龍茶、包種茶占四成，紅、綠茶則各占近三成，精緻包裝的半發酵茶因風味絕佳，讓台灣依然保有外銷的競爭優勢。

不過，受到原物料漲價等因素影響，過往一杯珍奶二十五元的銅板價時代已過，現在一杯珍奶多是五十元起跳，甚至有店家賣破百元，堪稱天價。許多連鎖業者相繼調漲，有些價格甚至比一個便當還要貴，讓愛喝的人叫苦連天。

台灣的手搖茶飲店進入門檻低，因此成為許多人的創業首選。據經濟部的統計資料，冷熱飲料店的營業額從二〇一〇年的一九七．八億，成長到二〇二

○年的五八○．九億元，手搖飲市場十年成長三倍。

基本上，可以將手搖飲店分成五類：純茶品類、茶品加奶類、茶品加添加品類、奶類加添加品類、咖啡奶茶類。基茶以綠茶、紅茶、普洱、金萱、烏龍等為最普遍。以消費族群來看，女性的購買興趣明顯高於男性，因此目前各手搖飲品牌的行銷策略和店面設計，也明顯以女性族群為對象。

根據國際市場研究機構 Allied Market Research 調查，全球珍珠奶茶產業規模年年持續成長，估計到二○二七年會超過四十三億美元，包含歐美、東南亞甚至中東，都有一定的市場需求。台灣的手搖飲品牌在外國遍地開花，成為全球知名連鎖店，或許哪一天，手搖茶飲界的星巴克也會誕生，讓台灣進入新的「茶金」時代！

40

開店一陣瘋

台灣前幾年夾娃娃機店很夯，紅到幾乎每條街都有的地步，台灣人愛夾娃娃的印象，儼然已經成為台灣最新的都市風景。為什麼這麼愛夾娃娃？很多人分析說，夾娃娃很療癒；藉由夾娃娃得到成就感；甚至有「哥夾的不是娃娃，是寂寞！」的說法。據統計，台北市曾經有多達四七二間夾娃娃機店家；台中市的店數一四七八家居六都之冠；而全台更突破六千家夾娃娃機店，商圈、夜市、大小巷弄被全面攻占！

全台瘋開夾娃娃機店，那到底是不是真的那麼好賺？或許一開始是，但是當一群人一窩蜂地展店就要小心了。尤其是COVID-19疫情以來，生意一天比一天差，開始賠錢，讓不少店面只能無奈收攤，成為另一個一頭熱開店的慘業，夾娃娃機開始沒落，甚至有了倒閉潮。

要開夾娃娃機店，首先要租下店面，稱為「場主」，只要先有大概二十個機台，加上一台兌幣機，就可以開始將機台出租。承租機台的人稱作「台主」，一個月租金大概五千元，「台主」負責補貨、布置陳列等。「台主」只要花個五千元，繳交租金給場主，獨立經營機台，營虧自負，又不用花太多時間，吸

引不少想創業的人投資。

據了解，一隻娃娃成本十元，免裝潢、囤貨成本低，機台放著也不用人事成本。起初一般小型機台一個月最少能賺進五千至一萬元不等，但扣掉租金恐怕賺不了多少。因此，投入這行的微型創業者，包含許多上班族、年輕人等，到最後連五千元的租金以及貨物成本都賺不回來。

相對的，場主通常都不兼做台主，因為每間夾娃娃機店的客源不定，機台分到的金額有限，所以場主開娃娃機店的目的，就是要收機台租金。如果一間店有四十台娃娃機，就可以收二十萬，一年就可把投資的成本賺回。近年因股市、房地產不好做，一百萬元以內就可以開店的夾娃娃業，讓投資客們認為有利可圖，紛紛當起「場主」開店展業。

台灣人愛跟風，這種風潮式的創業，「開店是一陣瘋，倒店也是一陣風」！除了夾娃娃機店，以前也有過同樣的歷史，例如日式涮涮鍋、葡式蛋塔店、網咖等，一開始很好賺，但在風潮過後，生意馬上亮起紅燈。

一九九〇年代，台灣業者引進了澳門的葡式蛋塔，在當時引爆熱潮，因此短時間內出現了許多「葡式蛋塔專賣店」，甚至肯德基也開始販售葡式蛋塔。但是，原物料及雞蛋的價格因此飆漲，許多業者紛紛倒店，榮景稍縱即逝，在顧客衝動性購買熱潮下，雖然快速展店，卻也迅速退潮，發生連環倒閉。這是台灣第一次發生「開店一陣瘋」、「倒店一陣風」的現象。

無獨有偶，國外也有類似的案例。二〇一六年，韓國商人把台灣淡水「古早味蛋糕」引進韓國，在短短的八個月內，韓國總共出現了四百間以上的古早味蛋糕店，換算下來，平均每天都會出現一到二間新的古早味蛋糕店。許多韓國人希望趁著熱潮大賺一筆，但是榮景有如曇花一現，環境的迅速變動，使得「開店熱潮」竟然在八個月後變成「倒店狂潮」，將近九成店家連環倒閉！

韓國得獎電影《寄生上流》中，主角就開過一間從台灣引進韓國的「古早味蛋糕店」，生意失敗從此淪入下流。因此，做任何生意前，不要看到好像很好賺的熱潮，就跟風投入，以免悔不當初。

41

我家房子叫「金城舞」

近幾年來物價翻漲，全台灣的房地產也都在上漲，更使得央行頻頻祭出打房政策，其中預售屋更是漲勢兇猛。有趣的是，許多新建案以演藝名人的諧音為命名，既好記又吸睛，例如：

◆新北市土城的「金城舞」，基地正對金城路，取影星金城武為諧音命名。

◆台北市新店的「台信城易迅」，以港星陳奕迅諧音命名。

◆台北市中正區也有「林語堂」，位於牯嶺公園正對面，取名民初大文學家林語堂。

◆高雄「鹽埕序」，位於鹽埕區，以影星言承旭的諧音命名。

◆中壢「桂崙美」，以女影星桂綸美來命名。

◆五股「阿亮的家」，則找來卜學亮為建案站台。

哈日風也常見於建案，像是台北市中山區「小室哲哉」、桃園「竹城表參道」、「竹城甲子園」、高雄「三上悠雅」。另外，「輕井澤」、「北海道」等地名也常見，皆以日本名人及地標取名。

其中，久石讓為日本著名音樂家，常常為宮崎駿的動畫電影做配樂。如果他看到了台北市松山「樸真久石讓」跟高雄美濃「郡林久石讓」，發現房子竟然以自己為名，一定又好氣又好笑。這股台灣建案哈日風潮甚至登上了日本媒體。

金城舞Ⅱ / 接待會館
美麗價期1-4房
輕鬆入主
超值總價

42

台北市裡有中國地圖

你知道全台灣有幾條「中正路」、「中山路」嗎?根據二〇二〇年的資料,全台灣三六八個鄉鎮市區當中,叫中正路或中山路的就有三八一條,幾乎每個鄉鎮都有一條。而且,它通常都會是重要的交通幹道,或者在火車站附近。至於「台北市」,那更令人拍案叫絕了,台北市的街道名稱,就是一張攤開的「中華民國秋海棠」地圖!

以台北市南北向最長的中山路、東西向最長的忠孝路畫出十字,分成四個象限,左上那一區的街道,以中國西北的城市為名,左下就是中國的西南;右上是東北,右下是東南。因此,成都路、貴陽路、柳州街在西南角;寧夏路、涼州路、哈密街、蘭州街在西北;吉林路、遼寧路、長春路、四平街在東北角;要去紹興南街、杭州南路、吳興街、嘉興街,就往東南方去。

南京東路,是台北市的重要幹道,一九六〇年代開始,道路兩旁的高樓大廈如雨後春筍般冒出;重慶南路,是台北市最古老的街道之一,以往這裡有台北最大的書店,也是書店的集中地,但是昔日的「書店街」已被開發成「商旅一條街」。許多大陸遊客到了台北,除了滿街的中文繁體字外,發現到這些街道的名稱和中國的城市一樣,都會有種賓至如歸的感覺!

一九四五年，日本戰敗投降，當時國民政府接管台灣，當時台北市的路名，都是榮町、大正町、西門町等日本名稱。任職總督府的官員們居住的大正町，則仿效京都將道路由南向北，取名為一條通到九條通，至今林森北路仍被稱為六條通，就是由此而來。

為了破除日本統治的遺緒，台灣省行政長官公署頒布了一套《台灣省各縣市街道名稱改正辦法》。從上海來的鄭定邦拿起中國地圖，蓋在當時的台北市地圖上，道路規劃的中心點就是現在的行政院前面，把台北市分割成四個區塊，把中國的地名一一填入台北市的街道裡。道路命名的工作，大致在一九四七年一月就完成，時間點在二二八事件爆發的一九四七年二月二十七日之前，更在一九四九年國民政府撤退來台之前，因此改名跟上述兩個事件無關。

台北的街道名除了中國地名外，還有幾個命名原則：如根據國父三民主義而來的民族路、民權路和民生路；出自孫文闡釋的八德，也就是忠孝路、仁愛路、信義路、和平路；以孫文名字命名的中山路、逸仙路；國民黨政府重要人士的林森路；取自美國總統之名的羅斯福路；以麥克阿瑟將軍為名的麥帥路等。

你或許會想，台灣其他都市最常見的路名為「中山路」、「中正路」，然而台北市卻沒有「中正路」，這又是為什麼？據了解，其實以前有過中正東路和中正西路，隨著時代演變，中正西路七段之後必須延長為八段，然而，中正西路跟「中正死路」諧音，「八段」容易聯想成「王八蛋」，有侮辱偉大領袖之嫌，所以將中正路改為八德路。

基於本土化與轉型正義，如今許多人認為這些路名的存在，很容易聯想到過去台灣人被統治，以及曾經受到的壓迫或白色恐怖，應該要改掉。其實早在二〇一五年，就有人發起改路名運動，不過，改路名並不像改叫鮭魚一樣，可以說改就改。根據民政局的解釋，現階段台北市共有一九〇條跟中國有關的路名，而在這些路上共有二十八萬的住戶。如果全部都要改掉，光是戶政、地政資料的更改規費，至少就得花上一億元。

比較著名的路名更改案例，比如現在總統府前的「凱達格蘭大道」。當初為了紀念蔣介石六十大壽，取名為「介壽路」，一九九六年陳水扁在台北市長任內，決定改名。此外，二〇一二年胡志強在台中市長任內，也將原先的中正路、中港路和中棲路，整併成「台灣大道」。

43

不好意思

在台灣，人們常常講「不好意思」或「拍謝」（台語），不只用於道歉，也用在日常生活大小事上，成了台灣人的口頭禪。這種獨特的「不好意思文化」，也紅到了國際上！日前英國媒體ＢＢＣ以「永不停止道歉的島嶼」為題，指出對不知情的人來說，這裡似乎是個「最抱歉」的國家！但其實台灣人的「不好意思」四個字，在任何情況下都能使用，不論是向別人道歉、在餐廳叫服務生，或是在台北捷運上下車、借過時都能聽見。

台灣人的「不好意思」，是基於口頭上的禮貌，當打斷別人或尋求幫忙時，人們會用上這句話，甚至常用這句話當作對話的開頭，等同「打擾了」的意思。「不好意思」跟「對不起」是不同的，「對不起」是正式道歉語，指做了不好的事情，向對方道歉時使用；而「不好意思」的程度較輕，多用於初次見面的人或陌生人，僅僅是在打擾到對方時說的客套話。

的確，我自己和身邊的親友也常常用「不好意思」這句話，不過，大部分的情況「只是發語詞」，是一種維持客氣用語，實際上並沒有什麼不好意思的。因此，台灣的「不好意思」，其實已經超越了道歉的意義，甚至有學者指出，「不好意思文化」是台灣的傳統文化，是一種與他人保持禮貌的關係。

很多歐美人士，對於這種文化展現出台灣的禮貌，甚至將台灣評為世上最友好國家之一，約有九〇%的外籍人士，對台灣民眾待客之道給予高度肯定。實際上，「不好意思」文化也只有台灣才有，其他華語地區很少會聽到。

台灣的「不好意思」這個詞代表著不同含義，翻成外語時，其實有很多不同的用法：比如英文的「Excuse me」，適用於沒做錯事，但麻煩到別人的不好意思；「Sorry」，則用在做錯事了，要表達歉意的不好意思。

而不好意思、抱歉的日語該怎樣說？「すみません」也可縮短發音為「すいません」，可以用在很多不同情況，如借過的時候、向別人請教問題時、在餐廳裡點餐時。用法很接近台灣人的「不好意思」，也是日本人普遍常用的口語。而「ごめんなさい」則可算是正式的道歉，有請求別人原諒的意思。

至於「謝謝」，一般日語常用「ありがとう」來表達，而「すみません」也可以當作「謝謝你」來使用。在表達謝意時，如果有「不好意思麻煩你了」的意思，就可以在用語上謙卑一點，以「すみません」、「ありがとう」來道謝。

44

注音符號

台灣的朋友們，一定有過這種經驗，想打注音符號，卻一不小心就輸入成英文啦！注音符號在台灣行之有年，深植台灣教育與社會當中，注音符號的學習對於從幼兒園的孩子而言，經常是學習的第一道關卡。近年來，為和國際接軌而主張廢除注音，改用漢語拼音的爭議，卻得不到民眾普遍的支持。相反地，台灣年輕人對於「注音符號」的喜愛程度，呈現前所未見的上升趨勢。究竟為何「注音符號」廣受台灣年輕人所喜愛？

二〇一八年三月，民進黨台南市長的初選民調之中，主張廢除注音符號的立法委員葉宜津支持率墊底，她的臉書頁面上被灌滿了以注音符號書寫的各式留言，成為當地新聞的注目焦點。

注音符號是在中國清朝末期，為了標記漢字發音而研究開發出來，中華民國在一九一八年公佈為「國音字母」，最終名稱定為「注音符號」。其基本構造是由漢字字體的一部分或是整體，共由三十七個符號組成。中華民國來到台灣之後，直到現在，在初等教育或是外國人學習中文時，注音符號是最基礎的學習課程。甚至在日本人學習者之間，注音符號就被暱稱為「ㄅㄆㄇㄈ」。

另一方面，中華人民共和國成立後，官方整理制定出「普通話」，並訂立為標準語，使用羅馬拼音來標記發音。因此，目前一般的中國人幾乎無人能閱讀或書寫注音符號。台灣的「國語」和中國的「普通話」之間，最明顯的差別，除了簡、繁字體的相異之外，注音符號的使用與否則是另一個明顯的區別。

在台灣本土化加速的趨勢中，特別是解嚴後出生的年輕人，注音符號的使用，從一開始的發音學習方式，轉變成身份認同的元素。不知不覺中，「注音符號」已經不僅僅是單純標記發音的系統，而是一種區別台灣和中國的獨特標記，變成代表台灣的「象徵」。尤其是「天然獨」世代，對他們而言，注音符號已經超越了原本發音符號的意義，成為一種自我認同。

「注音符號」絕對是台灣最有特色的國情之一，包括中國及其他國家，學習中文都是使用羅馬拼音，只有台灣使用注音符號，也因此延伸出「注音文」：就是輸入法沒切換好、產生一連串亂碼的狀況，如「c8 c8 c8」（哈哈哈）、「e04」（幹），也只有台灣人能反應得過來，簡直可以說是台灣特有的語言密碼。

中華民國建立後，一九一二年通過草案，要延續清朝時候做不到幾個月的拼音制定。一九一三年教育部召開《讀音統一會》，章太炎的弟子們（馬裕藻、朱希祖、錢稻孫、許壽裳、周樹人）以「紐文」、「韻文」為基礎，準備制定「國語」，一開始的國語是以「北京官話」調整的，又稱「老國音」。選出的字母分別是：

ㄅ、ㄆ、ㄇ、ㄈ、ㄉ、ㄊ、ㄋ、ㄌ、ㄍ、ㄎ、ㄏ、ㄐ、ㄑ、ㄒ、ㄓ、ㄔ、ㄕ、ㄖ、ㄗ、ㄘ、ㄙ、ㄧ、ㄨ、ㄩ、ㄚ、ㄛ、ㄝ、ㄞ、ㄟ、ㄠ、ㄡ、ㄢ、ㄣ、ㄤ、ㄥ因為國語是從北京話改造而來，因此補上ㄦ這個音，並且增加ㄜ。ㄦ與ㄜ都是北京腔才有的讀音，台灣從此進入了只能說國語的年代。

45

台灣本土品牌

印象中的台灣人，除了電腦、NB會買華碩、宏碁以外，其他的東西都不愛買台灣品牌。比如買汽車愛買Toyota、BMW，手機偏愛Apple、三星等，這種「外國的月亮比較圓」的心態，或許顯示了台灣本土廠牌必須加強經營。無獨有偶，「世界品牌實驗室」（World Brand Lab）日前發佈「國民品牌」忠誠度調查指出，亞洲市場中，以日本國民「品牌忠誠度」八一%最高，其次為韓國六九%、中國五六%；而台灣消費者的國民品牌忠誠度，竟然只有二四%。

在台灣消費者心目中的前十大品牌中，前七名都是外來品牌，分別為優衣庫（Uniqlo）、索尼（Sony）、松下（Panasonic）、蘋果（Apple）、香奈兒（Chanel）、資生堂（Shiseido）、豐田（Toyota），本土品牌台積電、鴻海、華碩分居第八、九、十名。而入選前十大的本土品牌，居然前兩家都是與消費者無關的代工廠。

其實，有一些「年過半百」的台灣老品牌，比如家電業的聲寶、大同、東元、歌林、三洋等，不僅是記憶中的台灣品牌，更是台灣幾代人的集體記憶。「大同大同國貨好，大同產品最可靠」，這首傳唱數十年的廣告歌，相信是許多台灣人記憶中不可抹滅的旋律。

「大同」創立至今已近百年，為台灣的「國貨」代名詞，產品橫跨家電、新能源、能源資訊、數位視訊、數位周邊、電線電纜、馬達等領域。經典家電產品「大同電鍋」於一九六〇年問世，是台灣的原創品牌，至今市佔率超過九成，成為在地傳奇。時至今日，大同電鍋在日本熱銷，更從日本紅回台灣！

另外，歷年來推出的「大同寶寶」，從民國五八年的編號五十一（當時已創立五十一年）的第一代，到今年最新編號已是九十九，第一代閉眼版只發行二百多隻，至今仍高價難尋，被收藏家視為「夢幻逸品」。

創立滿七十周年的阿瘦皮鞋，向來是台灣人心中高品質的鞋類品牌。一九五二年起，從台北市延平北路上的擦皮鞋攤販開始，賣起高級男鞋，到民國六〇年開了第一間店，如今已是上市櫃公司，成為台灣製鞋的高級品牌。

一九七四年，本土第一個速食品牌誕生，頂呱呱第一家店於七月二十日在台北市西門町開幕，甚至比麥當勞還早了十年！除了食品版圖的拓展，頂呱呱也設計品牌 Logo、吉祥物等。作為台灣本土最老的速食品牌，頂呱呱積極年輕化與多角化發展，秉持著「美味不走味」的理念，繼續深耕台灣。

捷安特（GIANT），總部位於臺灣臺中的自行車製造商，由劉金標等人於一九七二年成立，並於一九八一年創立「捷安特」品牌。該公司在臺灣、荷蘭及中國大陸都設有製造工廠。

46
全民瘋炒股

二〇二二年初，台股指數飆到歷史高價一八六一九點，總開戶人數成長至一一一二四萬人，也就是平均每二位國人就有一位參與股市投資，全台二千三百萬人，有一半是股民。根據證交所統計資料顯示，台股這兩年來平均日成交金額逾四千三百億元。股市高漲時，許多公司中午時，十個人裡有九個在看股票，盤中公司廁所也是人擠人，分享炒股心得變成股市分析大會，再現全民瘋炒股的現象！

二〇一九年 COVID-19 疫情擴散，造成全球經濟停滯，而後隨著全球央行的貨幣寬鬆政策，全球股市及台股屢屢創下歷史新高，再現三十年前股市榮景。尤其是突破一二六八二這個多年的歷史高點後，台股指數扶搖直上，人們對股市趨之若鶩，紛紛投入。台積電股價創歷史新高，來到六八八元；貨櫃三雄氣勢驚人，原物料上漲更帶動鋼鐵、塑化、水泥等傳產股，一時間成為人人追逐的飆股！

投資股票再次成為全民運動，股民人人搶當「航海王」、「鋼鐵人」、「蜘蛛人」，而投資股票的人也從「上班族」、「銀髮族」、「菜籃族」，擴散到了年輕人，其中以二十至三十歲的開戶人數增加最多，大幅成長超過百萬人。

這些「初入股市不畏態」的年輕人，將手上的資金在股市高漲時「歐印」(ALL IN)、寄望一擲千金，初期也都從中獲利滿滿，造就不少「少年股神」！

那時期的股市，彷彿只會漲不會跌，好像只要敢衝，短期致富不再是妄想，流傳著「一張不賣，奇蹟自來」的言論。然而，隨著股市從高點崩落，許多「少年股神」手中股票從帳上的獲利千萬，變成了虧損千萬，成為望股興嘆、被割韭菜的「股市小白」。以往有所謂「擦鞋童理論」，說明股市漲跌的道理；或是比喻為「抓最後一隻進場的老鼠」，說明股市追高殺低的現象。只能說股海比人心難測，瞬息萬變，複雜得難以預料！

媒體也起了推波助瀾的作用，電視上太多股市分析節目，太多股市名嘴、投顧老師滿天吹捧，形成台灣特有的「投顧老師文化」！打開電視，各種股市解盤節目充斥在財經頻道，彷彿未卜先知的投資大師，總是能買到上漲的股票；宣稱能預測高低點；或是什麼法人顧問，散戶救星。

「跟對老師讓你上天堂，跟錯老師讓你住套房！」「老師在講你有沒有在聽？」實際上，投顧老師與其說是分析師，不如說是推銷業務員反而較為貼切。

許多投資人把股市老師奉為神明，相信老師報的明牌一定賺，這樣的想法也太過天真。因為投顧老師不管股市漲跌，只要你繳費加入會員就可賺上一筆。因此，透過各種包裝吸引投資人上門，才是投顧老師主要的賺錢之道。

另外，台股指數登上歷史高點，民眾瘋狂湧進股票市場，也引來新的詐騙手法。比如只

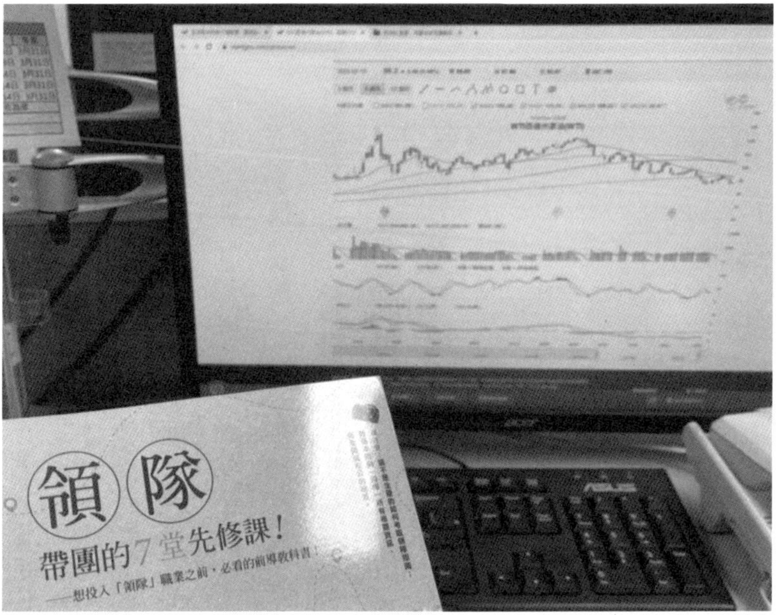

要加入LINE群組，就能拿到台股投資的資訊，「股市名師投資群組」成為詐騙集團騙取金錢的新手法。被冒用充當廣告招牌的財經名人，包括財信傳媒董事長謝金河、金庫資本管理總經理丁學文等，超過二十人遭到冒名。這類詐騙，以專家名義提供免費的股票基本面、技術面分析，待上鉤後接著就會進行詐騙。

許多短視近利的人，喜歡聽小道消息，人云亦云，聽人報明牌就投入股市，正是大部分投身股海的人的現況。因此，陷入追高殺低的命運。在這個低利率、薪資停滯、物價飆漲的時代，學習投資仍是當務之急，儘管投資有風險，學會如何成為穩紮穩打的投資者，未來成長性、配息、殖利率、股價淨值比等，都是優先考量的重點！若能抱持認真研究、謹慎投資的態度，股市就不會淪為賭場，而是一種堂堂正正的投資！

第五章

台灣特殊文化

TAIWANESE UNIQUE CULTURE

47

台灣的名稱有夠多

「台灣」的國家名稱是「中華民國」，有著自己的國旗、國歌及年號，二〇二三年是民國一一二年；「中華民國」在國際上不被承認為國家，但實際上又具備國家主權；台灣人出國時，拿著「中華民國」護照在世界上通行；奧運時的國家代表隊以「中華台北」（Chinese Taipei）的名義出賽。

台灣的名稱還真是有夠多：中華民國、ROC、台灣、中華台北、台北、TPE、福爾摩沙、台澎金馬個別關稅領域常任代表團等。有趣的是，這麼多的名稱卻都是在講同一個地方！一個台灣各自表述，剪不斷、理還亂，就像羅生門一樣的神祕難解！

日前在義大利雜誌「國際週刊」曾刊出台灣專題，指出台灣雖然擁有二千三百萬人民，是完全的民主國家。但卻像是一座「夢幻島」、「不存在的島嶼」，國際地位不被承認。而面對中國在國際上的打壓，或許台灣人早已習以為常，但卻令許多外國民眾感到困惑，到底台灣是一個怎麼樣的地方？

以「中華台北」（Chinese Taipei）為名參加奧運的台灣代表團，是世界上最為人熟知的，無法以自己名字參加奧運的代表團。「中華台北」、「Chinese

Taipei」是台灣在一九八一年與國際奧委會簽署《洛桑協議》後確認的名稱，面對中國的打壓，這是讓台灣能夠參加國際組織和活動的唯一辦法，這麼多年以來台灣人也習以為常，況且還有許多國際組織，台灣完全無法參與。

中華民國（ROC）由孫文所創建，是一九一二年帝制結束後的正式國名，對日抗戰結束後，當時的中華民國領導人蔣介石，在內戰中敗給毛澤東的中國共產黨，於一九四九年退守台灣，於是中華民國就到了台灣，因此有人稱「中華民國在台灣」，毛澤東則在中國大陸建立中華人民共和國（PRC）。

而一九七二年美國與中華人民共和國（PRC）建交前，聯合國（UN）便已先承認北京政權代表中國，而非台北政權。此後，中國大陸便宣稱自己是包括台灣在內的中國唯一合法政權，並阻止台灣加入聯合國和其附屬組織。而依照中華民國憲法，中華民國仍是代表中國的唯一合法政權，在PRC的阻擾下，目前中華民國在世界上僅有十四個正式外交邦交國。

其實在一九五二年，ROC和PRC可以同時參加芬蘭赫爾辛基奧運，但ROC蔣介石政權堅持「漢賊不兩立」，決定退出賽事，讓PRC首度有機會參賽。一九五九年，國際奧委會（IOC）認為台北的ROC奧委會，無法管理全中國的體育活動，因此把ROC奧委會除名。

一九六〇年，IOC同意ROC使用「中華奧委會」名稱入會，但代表地區只有台灣、澎湖、金門、馬祖等地。因此一九六〇年義大利羅馬奧運上，結果出現了「福爾摩沙」代表隊。之後一九六四年，日本東京奧運及一九六八年墨西哥市奧運，還以「台灣」（TWN）作為代表隊名稱，只是「台灣」英文下方仍有「中華民國」中文字樣。

一九七六年蒙特婁夏季奧運會，台灣想要以「中華民國」名義參加，拒絕以「台灣」名義出賽。因為這麼做等於宣稱放棄自己是中國合法政府的主張，但當時中國大陸領導人不容許出現「兩個中國」，駁回了台灣的申請。因此，在經過協議之後，便出現了「中華台北」這個嶄新的名詞。「中華台北」讓中國可以不承認台灣的政治實體，台灣也能加入一些重要的國際組織，例如世界貿易組織（WTO）、亞太經濟合作會議（APEC）、奧運等。

不過，台灣目前反對「中華台北」名義的聲浪越來越強，尤其許多年輕族群產生了明確的台灣身分認同，抱持著「我是台灣人、不是中國人」的想法，希望能夠獲得正名。而不只台灣人不認同，許多外國人對「中華台北」一詞也感到一頭霧水，因此二〇二一年東京奧運會轉播中，許多外媒直接以「Taiwan」來稱呼，包括日本NHK電視台、美國紐約時報、韓國廣播電視台KBS、MBC與SBS都使用「台灣」的稱呼，為我國代表隊正名為「台灣」。

48

台灣人是不是中國人？

《三國志》上講：「天下合久必分，分久必合。」或許也說明了台灣與中國大陸的關係。根據民調，超過七成受訪者認為自己是台灣人，認同是中國人只有七．五%，雙重認同則有一一．三%。尤其是近幾年來北京對台的強硬態度，儘管逾九成台灣人祖先來自中國，反而促使「台灣人」的身分認同更加堅定！

許多台灣人出國旅行時，被認為是中國人時，現在幾乎都會說：「不，我是台灣人。」根據政治大學的調查，現在台灣二千三百萬人中，自認自己是台灣人的比例，是一九九二年的三倍！當時認為「自己是台灣人、也是中國人」的比例甚高，經過三十年的演變，如今情勢又有所不同。而這樣的認同問題，在俄烏戰爭的展開下，也讓台海成為亞洲最大潛在衝突熱點之一。

許多人認為，儘管台灣在法理上尚未獨立，但獨立早已是現實，不需要特別宣布，「中華民國」的存在也沒有任何妨礙。如今自認台灣人的意見已占多數，顯示著土地認同的深化，「我是台灣人」的認同已成主流。而從台灣人稱呼對岸為「強國人」、「426」、「小粉紅」等，都有負面的含意，就可知道台海兩岸的關係緊張。

隨著台灣的身分認同上升，北京可能認為有必要升級軍事和外交行動，迫使台灣同意其主權主張。再加上習近平領導下的中國變得更加專制，財產隨時可能被收歸國有，兩岸的政治鴻溝似乎越來越難以跨越。事實上，多數台灣民眾不希望被共產黨治理下的中國統一，但也沒有積極推動獨立，希望避免陷入危險的僵局、導致兩岸爆發戰爭。

尤其是中國這幾年來的作為，如二〇一九年香港爆發反政府示威，北京強力鎮壓和打壓自由；COVID-19疫情蔓延，北京也不斷阻止台灣參加世界衛生組織（WHO）；奧運會上，台灣代表隊不僅無法以台灣或中華民國之名參賽；甚至每天出動軍機，直接威脅台灣領空，試圖「以武逼統」，並宣稱沒有排除透過武力達成統一的可能。這樣的敵意行為，引起台灣人普遍的反感。

儘管中國大陸與台灣近期關係緊張，但研究顯示，很多台灣民眾相對地不感到困擾。被問到是否認為最終會與中國大陸開戰，幾乎三分之二（六四·三％）的人回答說，他們不這麼認為。

49

偉大的蔣總統

對於五、六年級生來說，「蔣總統」三個字是神聖不可冒犯的，當年寫到這三個字前面一定要空一格，在軍中講到這三個字，絕對要雙腳併攏立正，以表肅敬。在那個年代，台灣的統治者長達四十餘年都是「蔣總統」，這三個字已經成為總統的代名詞。因此，一九八八年蔣經國去世後，不少人曾經鬧過把李登輝總統稱作「蔣總統」，或寫成「蔣總統李登輝」；或是小學作文中，長大的志願要當「蔣總統」的笑話。

在台灣於一九八七年解嚴前，當時的政府將蔣中正奉作「世界偉人」、「民族救星」，大力宣揚蔣的政績與成就，實行黨國體制的個人崇拜。因此形成台灣全國各地都有蔣公銅像，每個縣市都有中正路，還有中正紀念堂等。台灣成了反攻大陸的復興基地，「一二三，到台灣，台灣有個阿里山。阿里山，種樹木，我們明年回大陸。」這首歌也是傳頌至今。

有趣的是，你有聽過「蔣公銅像會動」的都市傳說嗎？比如說「會流血、會流淚」、「半夜會在走廊上走動」、「蔣公半夜騎馬在濃霧中繞行操場」等等。在這當中，或許又以政治大學的版本最為知名。

政治大學的前身是國民黨在南京設立的中央黨務學校，首任校長即為蔣介石。現今在後山的環山一路上，有一座巨大的蔣公騎馬銅像。許多人相傳這座銅像「半夜十二點的時候，馬會換腳」、「基座有個投幣孔，投十塊錢硬幣進去，蔣公會旋轉並發出亮光！投五十塊，蔣公還會載你下山！」甚至「連假的時候，會看到蔣公騎馬在環山道上巡邏」。

近年來台灣民進黨政府力行「轉型正義」以及「去蔣化」，尤其是針對紀念蔣中正的事物，或是對其雕像及紀念館進行破壞。如要求中華民國國軍移除營區蔣公銅像，以及拆除臺北市中正紀念堂圍牆。「去蔣化」的另一層理由是否定獨裁及威權的執政正當性，等同轉型正義的一環。

或許你不知道，台北市「中正紀念堂」曾經被更名為「台灣民主紀念館」，後恢復原名；中正紀念堂牌樓，其牌匾原題「大中至正」四字，在二〇〇七年十二月被陳水扁政府以「自由廣場」取代至今。現今總統府廳舍原命名為「介壽館」，一九四九年中華民國總統府遷至介壽館辦公，二〇〇六年三月二十五日時任總統陳水扁將其改為「總統府」。

還有，將總統府前的「介壽路」更名為「凱達格蘭大道」；將中正國際機場更名為「臺灣桃園國際機場」，但該機場的ＩＡＴＡ代碼仍維持ＴＰＥ不變，且所有IATA文件及正式名稱，維持原有「中正國際機場」的稱呼。

那全國各地的「蔣公銅像」呢？台灣各地的蔣介石銅像共有一五四六個，僅有三分之一左右移除或同意移除，還有一〇二〇個左右拒絕移除。「促轉會」於二〇二二年五月三十日解散前，與台灣桃園市政府協商後，決定在蔣介石陵寢「慈湖公園」釋出空間，讓各地有意處理蔣介石銅像的公家機關可以集中送往擺放。所以現今在慈湖公園的雕塑公園內，有著全身或半身、或坐或站、身著軍裝、騎著馬的大量蔣公銅像，成為「偉大的蔣總統」的另類景點。

民主

50

成功嶺上的大專生

「國旗在飛揚，聲威浩壯，我們在成功嶺上，鐵的紀律使我們鍛鍊成鋼，愛的教育給我們心靈滋養，驚奇、震撼、緊張，替生命開礦，團結、合作、創造、讓智慧發光。」這首「成功嶺之歌」相信很多五十歲以上的人，現今仍能朗朗上口、記憶猶新。對台灣人而言，「成功嶺」這個地方無人不曉，對於考上大專的青年男生們，正式入學之前，先上成功嶺接受淬鍊，成為真正的男人！「上成功嶺」這個過程，成為人生中最值得回憶的一段時光！

一九五八年七月「八二三砲戰」前夕，臺海對峙，教育部擬訂「大專學生暑期集訓」辦法。透過成功嶺大專集合訓練，培養青年團結精神，鍛鍊強健體魄，達到文武合一的訓練目的。初期，大專集訓作為義務役預備軍官養成教育，後逐漸成為大專生例行性軍事訓練。大專集訓比照陸軍新兵訓練，以開訓、結訓、震撼教育及行軍操練為基礎訓練，政府列為大專生必修課程之一。多年來，成功嶺共計培訓了一百三十三萬多名青年，其中有二百一十位是女生。

一九九九年大專集訓廢除後，成功嶺以負責陸軍新兵訓練的工作為主。二〇一〇年三月，中部地區後備指揮部「模擬訓練館」正式啟用。對於曾上過成功嶺軍事洗禮的人來說，成功嶺停訓象徵着「集體經驗的消失」，時代巨輪向前滾動，成功嶺的酸甜苦辣，遂成為這代人的特殊回憶！

走過成功嶺，多少意味着從男孩，成為頂天立地的男人。很多人都認為成功嶺的軍事訓練，是學子對自我的一種挑戰和考驗，一代又一代的大專男生，在嚴格的軍訓生活中蛻變為真男人。「成功嶺大專集訓班」，是歷史演進下的時代特色，含有時代的要求和使命。

成功嶺營區，位於臺中市烏日區大肚台地上的軍營，為中部地區後備訓練中心、陸軍步兵旅、陸軍後勤指揮部衛生營，以及內政部役政署替代役訓練班構成的營區。在連接王田交流道的省公路，即可見到「成功嶺」基石矗立。

「合理的是訓練，不合理的是磨練。」大專生集訓訓練的主要課程包括：愛國教育、生活教育與軍事教育。學生一進入成功嶺的大門，生活教育就立刻展開！棉被要捏角捏線，有稜有角，四四方方，摺成豆腐干，內務整理若未達標恐被禁假，因此人人拼死達成。因為太緊張，一個星期無法上大號的也大有人在。

軍事教育從基本教練、戰鬥教練、兵器訓練、實彈射擊，到「震撼教育」機關槍在頭頂掃射，學生握着槍在低矮的鐵絲網下匍匐前進。洗「戰鬥澡」也是緊張的時刻，班長一聲令下，上百多名班兵光溜溜地衝進澡堂，拼命用臉盆從蓄水池中裝水往身上潑。三分鐘一到，又拼命往外衝，顧不得身上的肥皂是否沖洗乾淨，也不管內衣褲有無穿好，手腳慢的學生便光着身子、拿着臉盆遮住重要部位，現在回想起來都是非常珍貴的回憶。

早年大專生少，「上成功嶺」代表著榮譽，家中如果有人上成功嶺接受大專班集訓，被視為是一件光榮的事。為了讓父母安心，成功嶺都會安排懇親會，讓家長與愛子齊聚一堂，同時也讓家長看看軍營中的實況。因此每到懇親日，成功嶺附近的交通，總是人滿為患、車潮洶湧，熱鬧得不得了。

「當兵」，可說是台灣人的集體經驗之一，民國六八年春節風靡全台的電影《成功嶺上》，奪下當年度國語片票房賣座冠軍，符合當時愛國熱潮。劇情成功地描繪出台灣男兒當兵的酸甜苦辣，呈現出台灣人的共同情感，一炮而紅！之後，更形成拍軍教片的風潮，如《報告班長》系列等。

51

台灣的中國〇〇公司

在台灣，汽機車加油要去「中國石油」加油站；看報紙要看兩大報之一的「中國時報」；「中國電視公司」是老三台，說台灣人是看中視的電視劇長大的也不為過；「中國廣播公司」的廣播節目貼近民眾生活、受到歡迎；去「中國信託」銀行領錢；買「中國鋼鐵」股票當存股的退休族，更是為數眾多。以上這些，都是台灣舉足輕重的本土公司，都不稱「台灣〇〇公司」，而讓人啞然失笑的是，它們竟然都叫「中國〇〇公司」！

據內政部二〇一七年資料顯示，台灣的公司、協會、機構，名字裡有「中國」的至少有五百二十六個，而「中華」更是多達九千四百一十八個。這些台灣的「中國〇〇公司」，有許多皆為貨真價實在台灣設立的台灣本土公司！當然，這是歷史的複雜因素造成，這邊暫且不作討論，只是像這樣光是名字，台灣與中國糾纏不清的案例，真是數也數不清，也造成不少實際上的困擾。

台灣的「中國石油」、「中國鋼鐵」、「中國電視公司」、「中華航空」等，其中不乏國際的大公司，公司中英文名稱裡都有中國、China。難怪外國人常質疑台灣：「為什麼那麼多台灣的公司或是機構都叫 China？中國？」外國投資機構投資時，因為名字而錯認為是中國的公司，也不令人意外！

台灣名字裡有「中國」、「China」的公司，舉幾間大公司為例，比如，報紙「中國時報」、China Times；「中國信託商業銀行」、China trust Commercial Bank 縮寫 CTBC Bank；「中國人壽」、China Life；「中國化學製藥」、China Chemical & Pharmaceutical Corporation；「中國合成橡膠」、ChinaSynthetic Rubber Corporation；「中國鋼鐵」、China Steel Corporation；「中國電視公司」、China Television；「中國廣播公司」、Broadcasting Corporation of China 等。

還有，台灣的航空公司稱為「中華航空」、China Airlines；台灣的工程師學會自稱「中國工程師學會」、Chinese Institute of Engineering；台灣的地理學會自稱「中國地理學會」、Geography Society of China located in Taipei；台灣的機械工程學會自稱「中國機械工程學會」、Chinese Society of Mechanical Engineers；協助防止職業災害，保障勞工生命安全的協會自稱「中國勞工安全衛生管理學會總會」；就連台灣人最喜愛的棒球運動，職業棒球中文正式名稱為「中華職棒聯盟」，但英文仍為 Chinese Professional Baseball League。

以台灣退休存股族很喜愛的「中國鋼鐵公司」為例，中鋼董事長翁朝棟日前公開表示，二〇二二年是中鋼「半世紀建廠以來，最好的一年」，且獲利持續看好，二〇一七年全球排名第二十二。中鋼成立於一九七二年，由中華民國政府出資成立，總部設在高雄市的鋼鐵公司。現為民營企業，但中華民國經濟部保留二〇％持股，是蔣經國十大建設留下來給台灣的禮物。因為「中國」兩個字被我們拿來使用，後來大陸成立的煉鋼廠都以地方命名，例如，寶山、馬鞍山、山東、重慶、河北等。

而大多數台灣民眾仍習慣用「中油」來稱呼的「台灣中油」，原名「中國石油股份有限公司」（Chinese Petroleum Corporation，縮寫ＣＰＣ），二〇〇七年二月因台灣正名運動更名為「台灣中油股份有限公司」，成立於一九四六年，是台灣最大的石油公司，二〇二〇年美國雜誌財富世界五百大企業評比第四〇九名。由於中國大陸存在同名公司「中國石油」，易混淆且造成困擾，更名為「台灣中油」。

不過，台灣中油仍繼續保留「中國石油」名稱、商標以及「ＣＰＣ」英文名稱。因為中油成立已逾一甲子，品牌形象已深植人心，商標價值初估至少三百億元以上，為維護國家資產，所以保留其名稱。

「中國電視公司」、China Television Company, Ltd.，簡稱中視、CTV，創立於一九六九年，原先為中國國民黨之黨營事業，也是中國國民黨繼中央通訊社、中央日報、中國廣播公司之後創辦的第四個中央宣傳機構。與臺灣電視公司（創立於一九六二年）、中華電視公司（創立於一九七一年）並稱為「老三台」。民國八八年八月九日，中視股票公開上市，成為國內第一家股票上市媒體。

對於很多出生在一九六〇至一九八〇年代的台灣人來說，他們從小就看「老三台」的節目長大，對「老三台」有特殊的情感。中視開創了台灣的彩色電視時代，還有就是一九九六年時，開始天天二十四小時播出節目，從此之後，台灣進入二十四小時的電視時代。

「瓊瑤」的愛情劇，印象中中視播放得最多；《還珠格格》，也是一九九八年在中視首播。在開放大陸探親後，報導中國大陸各地人文、風景的

《大陸尋奇》，不僅當時全台灣的外省人愛看，連我祖父這種本省老人家在世時也都喜歡，讓我都覺得很驚奇。

意外地，「中國石油」、「中國鋼鐵」、「中國電視公司」、「China Airlines」等公司，名字裡標記著中國，卻竟然都不是中國的公司，而台灣人這樣的擁抱「中國〇〇公司」，只能說是老天爺開的一個玩笑！

52

行人專用號誌——小綠人

如今在台灣的路口，都能看到會讀秒、行人專用號誌「小綠人」。一開始慢慢行走，隨著秒數變少，「小綠人」會跑起來，並在讀秒為零的時候消失，隨之變為站立不動的「小紅人」。現在，台灣很多城市開始設置自行車道，也可以看到騎著車的「自行車版小綠人」。二〇二二年，小綠人也已經二十三歲了，不僅全台各縣市都採用，甚至紅到國外，揚名國際，讓世界看見台灣！

其實，揚名國際的「小綠人」，最早並非由台灣人發明，而是由東德的交通心理學家卡爾・佩格勞（Karl Peglau）所創。當時東德的汽車流量大幅增加，交通事故和傷亡人數也與之俱增，一九六一年東德交通部委請他設計新的交通號誌，以改善情況。他設計出「交通號誌小人」（Ampelmännchen），將紅綠燈號改為小人的形狀：行走的綠色小人與停止的紅色小人，行人專用號誌於焉誕生！不過，那時的交通號誌小人還不會走動。

一九九八年，台北市政府參考世界城市的做法，為行人專用號誌加裝倒數計時器，並導入了小綠人走動的動畫。一九九九年三月十八日，全世界第一盞「動畫式行人專用號誌」，被設立在台北市的松壽路和市府路口，由於民眾反

65

應良好，「行走的小綠人」很快就普及到全台各地。

據說，這個小綠人每走兩萬步就會跌倒一次，「跌倒小綠人」的都市傳說也不逕而走。或許是「行走的小綠人」時常故障的原因，媒體也報導了許多行人專用號誌故障的消息，才有這樣的都市傳說。不僅如此，很多人都繪聲繪影地說看過小綠人會倒立、步伐比較大等版本。而根據當初的設計者表示，燈號故障時，小綠人是有可能看起來像倒下的樣子。

除此之外，各縣市有很多號誌燈小綠人的創意，如嘉義市的穿裙裝、留長髮的女孩版小綠人；屏東也推出過情侶版、下跪求婚版，還有牽著老綠人過馬路的溫馨版；或是宣導防疫措施；台南搭配節慶和活動，也能顯示不同的可愛動畫，讓人會心一笑。全台各地交通號誌不斷推陳出新，展現出台灣人的創意。

另外一個在台灣大馬路的特殊景象是，經常可以看到有人在車流量大的路口，穿梭在車陣中賣玉蘭花、發放傳單。不僅得承受風吹日曬、吸入車輛排放廢氣、還要閃躲車潮，工作相當辛苦。路口的紅燈只要一亮起，就會出現提著籃子、手上掛滿玉蘭花的小販在車陣中兜售，喊著「一串二十，三串五十」的叫賣著。

全台約有五十二公頃的玉蘭花田，近八成在屏東高樹及鹽埔鄉，玉蘭花每晚連夜北運，凌晨二點送到台北市酒泉街、建國北路高架橋底下等處。凌晨四點拿到玉蘭花的小販，用細鐵絲將三到四朵玉蘭花串成一串，天未破曉，玉蘭花小販就上工討生活。或許「行走的小綠人」就像這些玉蘭花小販，在車陣中穿梭行走的景象。

其實有所謂的「玉蘭花條款」，警方可依《交通管理處罰條例》第八十三條規定，車道、中央分隔島都不可以販賣商品、散發廣告物品。因此針對車道上、車站內任意販賣物品、妨礙交通的玉蘭花小販，可處以三百元以上、六百元以下的罰鍰，只是，警方體諒小販謀生不易，多以「勸導代替開罰」。

53

台灣人的禁忌

大家都知道，台灣人不喜歡數字四，因其諧音為死，民間也存在許多不喜歡的事物，或者是希望避開的議題，這些事情不要說外國人不知道，就連很多台灣在地人都一知半解。當然大部分是以前留下來的迷信，以科學角度來看，或許並無大礙。但是入境隨俗，多聽老人言總是有一定道理，以下列出台灣常見的民間禁忌：

禁忌1：過年如果打破碗盤、玻璃等物品，要用紅紙包起來，口說：「碎碎平安。」（「歲歲平安」之意），一過年就打破東西怕會有不好的預兆，所以要將不好的轉為好的。

禁忌2：農曆七月時小孩子不可以到海邊戲水，傳說河裡或海邊會有水鬼拉人當替死鬼。農曆七月為炎熱的夏季，很多人會到河裡或海邊玩水消暑，老一輩怕小孩子自己跑去戲水，沒有人看管照顧，發生溺水意外，因此流傳至今。

禁忌3：好事常使用雙數，期望好運雙至，喜慶之日包紅包常以雙數，如六千、二萬等。喪事則使用奇數。

禁忌4：台灣人普遍不喜歡數字四，因其諧音為死，為了避免日常生活將死掛在嘴邊，不是跳過四的數字，就是用其他數字取代。四人至餐廳用餐會改說三加一位。

禁忌5：碗內的飯菜要吃乾淨，不能留下飯粒、菜尾，不然會「娶貓某、嫁貓尪」，指未來的老婆、老公會滿臉痘痘等。農夫耕種辛苦，糧食得來不易，要人多珍惜米飯。

禁忌6：女人懷孕期間不能動剪刀、針線；不能搬重物；房內不能釘東西、穿鑿牆壁，甚至整修房屋。針與刀屬於利刃，使用不慎怕會使孕婦受傷，而搬重物容易流產，家中整修的噪音也易使孕婦無法安心待產。

禁忌7：不能用手指向神像和佛像。台灣民間普遍存在尊神敬佛的觀念，忌用人的手指神像佛像的失敬行為。

禁忌8：忌把筷子插在飯上。台灣民間喪葬中有擺「腳尾飯」的習俗，在葬儀中以碗盛飯，就是將筷子插在飯上，置於死者的腳邊。因此平時吃飯時，忌將筷子插在飯上，給人不祥之感。

禁忌9：饋贈送禮給人也有禁忌，主要忌諱送「鐘」（終）、「傘」（散）。

主要都是避免諧音裡的不吉利之意。

禁忌10：路上紅包不要撿。紅包袋通常給人的感覺是喜氣洋洋，可以沾點好運，但在路上如果看到紅包千萬不能撿！在台灣路邊的地上看到紅包袋，很有可能是冥婚用的紅包袋，一撿起來那你注定要娶個鬼新娘回家了！

無獨有偶，國外《富比世》特約記者詹寧斯（Ralph Jennings）日前刊登一篇文章，提醒國外來台的旅客在與台灣人聊天時，有五個話題「能避則避」，以免引起尷尬：

1、薪水和支出：台灣人一般除了薪資對外保密外，也會避免談論到主要開支數字，像是房租或度假費用，除非是很熟的朋友，不然台灣人會躲避類似的問題。

2、女人的年齡：他表示，當一問及女人的年齡，對話就會馬上結束。因為年過三十的未婚女性對此很敏感，因為她們已經過了普遍台灣人認為的適婚年齡。但對象若是七十歲以上的女人，就可以大膽的問年紀了。

3、中國：台灣與中國存在許多難解的議題，獨立與統一也各有支持者，一旦開啟此話題，很可能會沒完沒了，因台灣在國際上長期處於弱勢，頻頻遭到中國打壓，是非常敏感的議題。

4、投票給誰：台灣人非常喜歡討論政治，並對政治人物或政府給予評價，但有很多選民不願主動提及自己會把票投給誰，因為有很多政治人物會發生一些醜聞或是爭議事件。

5、父母壓力：他指出，台灣人的家庭關係十分緊密，經常有三代同堂或是姻親同住的家庭，因此家庭的壓力是存在的。尤其是很多父母親不願意孩子從事某些特定的職業，加上台灣人不希望被外人認為自己無法獨立、無法替自己的人生做決定等等，因此要避免談到這方面的問題。

54

台灣原住民

全球人口越來越多，大量遷徙至世界各地，綜觀人類幾千年的文明歷史，大部分的國家現在都可以說是移民國家，沒有移動遷徙過，真正的「原住民」其實已經變得稀少。「原住民」這個用詞，通常是指被歷史的洪流淹沒，現在已經不是社會上的主要勢力，「以前的住民」如今已變成了「少數民族」。比如美國有印地安人，澳洲有毛利人，中國雲南有苗族人等。台灣也有許多部落原住民，是我們的一部分，值得珍惜、保存與發揚。

台灣多樣的海島型氣候，不但孕育出豐富的動植物生態，也創造了多元而獨特的原住民歷史文化。從長濱文化開始，台灣原住民族就展現了精湛的冶鐵技術；三千年前，凱達格蘭人以高超的織貝技術，將貝殼賣給中國當作貨幣。清朝時期漢人大量移民來台，同化政策導致原住民各族人的血脈及文化，面臨空前的消失危機。這些原住民特有的歷史文化，成為台灣引以為傲的自然與人文，應該積極地保留。

根據原民會網站的說明：台灣原住民族約有五十三萬人，佔總人口數的二%。目前經政府認定的原住民族有：阿美族、泰雅族、排灣族、布農族、卑南族、魯凱族、鄒族、賽夏族、雅美族、邵族、噶瑪蘭族、太魯閣族、撒奇萊

雅族、賽德克族、拉阿魯哇族、卡那卡那富族等十六族。

在現今政府的推動下，台灣原住民文化逐漸受到重視：雅美（達悟）族的拼板舟聞名國內外；阿美族的歌謠曾在亞特蘭大奧運向世界發聲；卑南族特有的巴拉冠軍事文化；泰雅族、賽夏族特有的紋面習俗；邵族的杵音；布農族的八部合音；鄒族莊嚴神聖的戰神祭；排灣與魯凱族的多神信仰與階級社會制度，都成為台灣這塊土地上的特色！

原住民說的語言是南洋語，南島語族，從台灣甚至延伸到馬達加斯加，一個主要分布在太平洋的族群，擁有一千三百多種語言。如今許多散落的族群因為證據不足、語言不完整、族人的數量稀少等，在面臨主流文化的衝擊下，漸漸消失。如阿美族，即使人數為台灣原住民族裡最多，但語言的斷層還是很嚴重，而都市的豐年祭也已失去歌謠的傳唱，改用播放音樂，祭典內容失去了豐年祭原本的樣子。

在現今的主流文化的壓力下，許多部落的青、壯年人口不斷地向外流失，許多新一代青年甚至連自己的族語名字都不知道，講得一口流利的國語、台語，自己的母語卻完全聽不懂了。原住民族不僅漢化程度嚴重，原住民青年離開原鄉，對部落環境逐漸陌生，而現今社會對於「原住民」的身份仍投以奇異眼光，使得許多離開部落的人選擇隱藏自己的身份，造成原住民青年面臨族群認同的問題。

近年來台灣國片日益興盛，除了有以賽德克族為主角，描述霧社事件的史詩電影《賽德克．巴萊》。也有許多以原住民議題為主題的紀錄片，如二〇一五年九月上映的《太陽的孩子》，表達原住民不公平的待遇；以及二〇一六年三月的《只要我長大》，則是以平淡幽默的口吻，道出原住民的處境。此外，二〇一九年《樹說新語》以及二〇二〇年《阿查依蘭的呼喚》也都在國際上大放異彩。

在3D動畫影片方面，《山海祭遇—飛魚來了 Libangbang》，奪下二〇二一英國 BIG SYN 國際影展最佳動畫片以及最佳動畫師兩項大獎，為首次獲獎的亞洲動畫作品。該片講述一位西方水手在因緣際會下造訪蘭嶼，體驗了雅美（達悟）族人部落的生活。影片中除了介紹台灣原住民族文化特色，也展現了蘭嶼秀麗的山海景色，讓世界看見台灣之美。台灣原住民的議題日漸受到重視的同時，也期待台灣原住民破繭而出，走出弱勢與悲情思維，開創出自己的一片天！

55

宮廟文化

根據行政院二〇一九年的資料，台灣地區的宗教建築（寺廟教堂數）總計為一五一七五座，佛道寺廟達一二二七九座，光是道教宮廟就達九六八四座，平均每個鄉鎮有四十座寺廟。台灣的寺廟遍及全島，甚至超過便利商店的數目，台灣人喜歡「拜拜」，有事沒事就往廟裡跑，向神明祈求許願。廟宇祭祀的在地文化，成為許多外國觀光客熱愛的「台灣味」，「宮廟文化」也在國際上備受讚譽，成為台灣的特殊風景！

台灣人口中佛教徒約有八百萬人（三五％），而道教徒約有七五五萬人（三三％），再加上佛道相關的信仰，超過八〇％的人，是形成台灣「宮廟文化」主要的推手。台灣是多元族群融合的社會，在漢民族方面包含了許多省籍族群，他們在移居台灣時帶來了原鄉的信仰，如玉皇大帝、三官大帝、觀音菩薩、天上聖母（媽祖）、關聖帝君、福德正神（土地公）等，屬於不分祖籍共同信仰的神靈，也被視為鄉土神。

台灣存在許多儒、釋、道融合的廟宇，如各地的關公廟、土地公廟、媽祖廟等，都是庶民信仰的對象，深受民眾的信任與期待。在一個神殿中，可同時供奉不同的神，是台灣本土信仰的特色，這種融合的民間宗教，對日常生活有強大的影響力。各地有許多民俗活動傳承，如經典的神靈隊伍，鑼鼓喧天，八家將、廟姑獻奉，或踩高蹺等等民俗活動。

前幾年 HBO Asia 推出的電視劇集《通靈少女》，還有電影《陣頭》等，以台灣民間信仰與宮廟文化為背景，叫好又叫座，成功吸引了年輕人對台灣宮廟文化的注意力。「宮廟文化」在台灣根深蒂固，不僅是許多民眾的心靈寄託，更成為台灣傳統文化之一！

如今，「大甲媽祖遶境」、基隆「雞籠中元祭」、宜蘭「頭城搶孤」等，在地方政府推動下，將在地廟會祭典轉型為觀光節慶，都成為「台灣十二大節慶」之一。台灣民間信仰的宮廟活動，或許並沒有特定的教主、經典、教義和嚴密的組織，只因遠古以來的多神靈信仰、祖先崇拜以及儒道釋三教的思想，深植於台灣。

台灣早期的宮廟慶典文化是神聖、莊嚴、大眾化的。祈求神明庇祐、風調雨順、國泰民安。以前的宮廟活動不像現在這麼俗艷，比如石獅、竹馬、暮鼓晨鐘、台語禱念、漢字祭文、道士等，非常有文化內涵。民眾也會以寺廟為中心舉辦各種活動，在寺廟前廣場，可以見到歌仔戲、布袋戲、南管、北管、跳車鼓和歌謠的演出，形成具有鄉土性、歷史性與文化性的廟口文化。

目前台灣的宮廟，大多偏重在神明的顯靈，著重在神明的指點迷津與靈力顯現，讓民眾透過求神問卜來化解生存困境。常見的比如一些求神問卜的儀式，如「擲筊」來求神佛指點。「筊」是一對彎月形器具，凸面為陰、平面為陽，把它們拋到地上，一陰一陽為「聖筊」，代表好現象；二陽叫做「笑筊」，表示不好不壞；二陰為「怒筊」，表示不好。還有常見的「抽籤」，「籤」是由竹片做成長條形，籤上有一個號碼。經過搖動後，可以抽籤，依籤號找出籤紙，得到神佛指點，許多寺廟也有專人解籤。

台灣最深入民間的宮廟，應該就是各地的「福德祠」，俗稱「土地公廟」。土地神的信仰原本就是對土地農業的崇拜，因此「自然神」的土地公、土地婆，成為台灣最多信眾的神明，成為庶民文化的信仰中心！而台北艋舺龍山寺、台北行天宮一年到頭香火鼎盛，雖然沒有舉辦遶境祭典，但每年前往燒香祈願的民眾計有數百萬人之多，也都是民眾精神寄託之所在！

台灣的宮廟文化在近代以來的發展已有些變質，有些宮廟遶境活動會在深夜敲鑼打鼓、施放煙火、鞭炮，以及電音、擴音喇叭，佔用道路造成交通堵塞，既吵鬧又擾民。雖然看上去很熱鬧，但帶給現代人生活上的困擾，還有地方幫派介入，通過宗教活動來拼場等，都變成宮廟活動的弊病。

56

選舉文化

從一九九六年第一次總統民選開始，台灣走向了民主的道路。如今，幾乎每兩年就有一場大型選舉，從小至地方政府的里長、市議員、縣市首長；到中央政府的總統、立法委員等，通通都是透過選舉的方式來決定。選舉期間，路上到處都能看到選舉文宣、看板、旗幟，候選人沿街拜票，趕場力拼造勢活動，台灣的選舉文化，在地人民熱情支持之外，也讓國際遊客相當感興趣。

每到選舉期間，就會看到候選人在大街小巷掃街拜票；宣傳車沿路放送「拜託、拜託」；還有滿街的候選人旗子；造勢會場「凍蒜、凍蒜」高喊的支持者，加上聚集的攤販，就像夜市一樣熱鬧。每次舉行選舉，激發出來的民眾政治狂熱，大家視為家常便飯。而台灣這樣的選舉文化，也著實讓不少外國人驚呆！

在選舉開始前三個月，只要打開電視頻道，政論節目比連續劇還要精彩。候選人的私生活、祖宗八代、統獨立場、金錢往來，都要攤在眾人眼前，被一一檢視。大陸同胞來台灣，最愛看的就是這個，畢竟在大陸沒有選舉，可以自己選出領導，一輩子也沒看過這種狀況！

而且，台灣的政治人物百百款，平時就要經營人脈，所以作秀表演、唱歌跳舞樣樣來，碰到傳統廟會、婚喪喜慶或獅子會、扶輪社等，應酬喝酒、上台獻唱，也常常不請自來，蹭熱裝熟地籲請支持。有些候選人甚至會在投票前使出奧步，試圖影響選民投票，例如抹黑對手、恐嚇選民、政策買票、以悲情騙取同情等。

很多民主國家都有選舉，但是大部分國家的人不會過度熱中，台灣選舉中的獨特現象，宣傳車、拜票、買票、造勢大會、掃街、遊行、抹黑其他候選人、造謠等，這些行為在其他民主國家很少見到，形成特殊的文化，獨特到連日本都派電視台來紀錄台灣的選舉；大陸人民不斷追蹤台灣政壇的動向；香港和日本，也都出過台灣觀選旅行團。

台灣，是亞洲民主的先驅；而選舉，是民主政治的精髓所在。每次大選的結果總是能帶出新的民意，用民眾的力量決定台灣的走向。台灣的投票率至少都有七成以上，顯示了台灣人熱中選舉的程度之高。

台灣的選舉文化，具體說有哪些特色？正面的選舉文化，比如候選人都會設計具創意的口號，既代表個人形象，也希望以一句響亮的口號深入人心。還會推出選舉商品，如總統大選時，蔡英文開設了「小英商號」，出售T恤、徽章、杯子、筆記本等。近年來，漸漸不再以候選人本身為主要訴求，而是用「意象」當主題，設計符合時下流行的文化創意，進行行銷經營。

而負面的選舉特色也不少。比如攻擊性的選舉語言，互揭瘡疤的口水戰，或者透過媒體揭發對手的醜聞和隱私；藍綠互罵、挑撥族群、統獨議題；甚至為了搏取選票，自導自演造假事件；部分媒體早已有其政治立場，但表面上假裝公正，實際上偏頗宣傳。

台灣政壇藍綠的長期對立，讓支持的民眾也受到影響，如果一個家庭或朋友群當中支持的黨派不同，最好避免討論政治，以免引起紛爭。就連國外《富比世》特約記者詹寧斯（Ralph Jennings）也提醒國外來台的旅客，要避免和台灣人聊天的話題就是「投票給誰」。看來，台灣獨特的選舉文化，連外國人都開始瞭解了呢！

新北市長候選人
侯友宜
新北市議員候選人
林金結
跨越期待　看見未來
金城
檸檬冰

新北大翻新
New Taipei City
林佳龍
市長候選人
彭一書
市議員候選人
為你・衝第一
彭一書
新北市議員候選人
嚴選
請給年輕人機會　為您服務

57

檳榔西施

以往台灣嚼食檳榔的風氣非常興盛，保守估計台灣「紅唇族」（嗜嚼檳榔的人），每年花錢買俗稱「台灣口香糖」的金額超過千億台幣。而「檳榔西施」通常穿著性感、清涼，這些販賣檳榔的年輕女性，在路邊攤位搔首弄姿吸引客人上門，形成台灣檳榔產業的獨特文化！

「檳榔西施」薄紗裸露的年輕女孩形象，意外成為陸客與外國觀光客造訪台灣的「必遊景點」，成為台灣印象之一！不僅CNN曾報導此一現象，也吸引許多國際攝影師，如南非的歐陽鋒（Tobie Openshaw）花了七年時間拍攝檳榔西施，並製成紀錄片。

檳榔（學名：Areca catechu, LINN.）是重要藥用植物之一，是早期台灣勞動階層日常生活中使用的「零嘴」，成為計程車以及客、貨運司機工作時用來提神的物品。根據行政院農業委員會統計，台灣種植檳榔的農戶曾高達七萬戶，而檳榔也於一九九〇年代前後，成為臺灣最主要的經濟作物。

在中潭公路的雙冬路段上，總是有著車水馬龍的大量車潮，一九七六年，某位檳榔攤商突發奇想地，讓自己的三位女兒在路邊攤位賣起檳榔。結果生意出奇地好，不久就在雙冬掀起一股風潮，草屯雙冬成了檳榔西施的起源地。曹蘭與姚黛瑋在華視《綜藝萬花筒》所裝扮的檳榔姐妹花，就是以此為模仿對象。

另外，台灣歌王葉啟田於一九八五年發表唱片專輯《忍》，當中《檳榔姑娘》歌詞中「妖嬌可愛，親像西施，人人看著心迷醉」，「西施」與「檳榔」相結合，「檳榔西施」遂成為販賣檳榔年輕女性之代名詞。實際上，一些檳榔西施由於教育程度和年齡，很難在其他地方找到工作；或是檳榔攤的薪水較高，因此選擇從事這個職業。

因為穿著太過清涼裸露，常有醉翁之意不在酒的顧客上門，許多人開始批評「檳榔西施」現象是「庸俗」、「墮落」、「情色」、「物化女性」等。因此二〇〇二年，臺灣各地方政府開始禁止穿著過於暴露的檳榔西施。現今，各大都會市區內檳榔西施幾乎絕跡，僅有零星分佈在郊區或交流道附近，也不再像以前一樣穿著暴露。

58

鋼管女郎

對於外國人來說，第一次看到在台灣廟會表演的鋼管女郎時，總是又驚奇又驚嚇。有位來自波蘭的YouTuber，第一次看到鋼管舞女郎跳舞謝神，感到無比震驚，他指出在歐洲去教堂做禮拜，穿不合適的衣服，牧師可能會生氣；在清真寺見到穿得太暴露的人，也會拿布出來給其遮擋；所以他第一次在台灣，看到穿著清涼的鋼管舞女郎，他回憶當時轉頭問身旁的人：「這樣沒問題嗎？」那位大哥則邊嚼著檳榔邊和他說：「只能看，不能摸！」讓他印象超深刻。

鋼管舞，英文叫pole dance，可稱作杆舞蹈或者極舞等。是指利用鋼管為道具，進行攀爬、旋轉、倒立等動作來完成舞蹈動作。在台灣，提起鋼管舞，很多人會聯想到鋼管舞女郎的香艷、性感和火辣，甚至與情色聯想在一起。在火熱的場子裡，看見舞台上的辣妹，穿著性感蕾絲內衣或黑色丁字褲，正性感的蹲在台前熱舞，而前方的觀眾則全都拿著手機捕捉美景，讓人看了好害羞。

國內部分地區仍保有火辣的鋼管舞秀，不管婚喪喜慶都能看見，舞者賣命的演出。一名女網友表示，近日在雲林看見鋼管舞秀，對方穿得火辣，搏命地演出，甚至「塞錢就給摸」。為了討飯吃，不惜賣肉賣力，讓人不禁讚嘆：「鄉下的鋼管真的無極限」、「認真覺得很敬業很厲害」。

其實，學鋼管舞不僅可能滿身佈滿瘀青、傷痕，還時不時會被觀眾騷擾，其實非常辛苦。「表演者真辛苦」、「大家都是糊口飯吃，表演沒有對錯，大家歡喜甘願」、「以前做這行業，都不敢在自己家鄉表演，怕在鄰里間會被拿來茶餘飯後」、「舞者都好辛苦，不容易啊」、「辛苦了，為了賺錢，犧牲很大。」

的確，跳鋼管的工作真的很辛苦，而且也常常會被騷擾，「有看過她們現場練習，現場滑下來頭著地」、「舞台車都臨時架的，碰到下雨天，鋼管就很滑，常會摔下來，也聽過為了趕場子出車禍的」。

早期電子花車文化起源於大家樂盛行的年代，民眾為贏得彩金，向神明祈願，並以花車表演酬謝神明。後來本土業者將國外的鋼管舞引進台灣，融合了台灣本土特色，逐漸形成鋼管電子花車，尤其以雲嘉地區最為興盛，許多當地的廟會或是婚喪喜慶，都會邀請舞團來表演。

隨著競爭越來越激烈，表演形式也越來越赤裸，因而使一般大眾對於電子花車或是鋼管女郎的印象，總是逃不開情色的範圍，貶低這類的本土文化。鋼管女郎這個行業，對於一般大眾來說，很容易被認為是個情色的行業。

台灣友人也表示，曾看過更誇張的：「小時候都是三點全露」、「大家都躲在舞台下偷看」、「之前年代很流行所謂的十八招，不過都失傳了」、「小時候就常見脫衣舞，歌仔戲到了晚上十二點後也是變成脫衣舞」、「小時候跟阿嬤去吃辦桌，阿嬤都把我眼睛遮起來，我都不知道發生什麼事」、「小時候和外婆去吃喜酒，吃著吃著……台上唱歌的阿姨就都沒有穿衣服了」。

59

行騙天下的台灣詐騙集團

台灣詐騙案件層出不窮，加上新冠肺炎疫情推波助瀾，民眾在家上網消費或交友，容易落入詐騙陷阱。刑事局統計，光是二〇二二年上半年就發生一三三〇一件，騙走三十一億元。不少民眾都曾收到過「你刪了我的line」、「有急事找你」，或是冒充證券公司要求民眾加line。新型態詐騙手法越來越多，從不識字的老先生、老太太，到大學教授、公眾人物都騙。據新聞報導，名人林百里的妻子遭詐五千萬，甚至「本土劇女王」連靜雯也被騙了三千萬。讓人不禁懷疑，台灣人的錢是不是有這麼好騙！

以台灣人為首的詐騙集團，二十多年來利用人性的恐懼及貪婪，以金融、電信、網路等產業的管理漏洞，透過人頭帳戶及電話等犯罪工具，誘使被害人前往自動櫃員機（ATM）操作，或臨櫃匯款、親自到府取款來詐騙民眾的錢財。由於這些電信詐騙技術多半源於台灣，主嫌大多是台灣人，因此被稱為「台灣詐騙集團」。除了在台灣之外，更輸出至全世界實施跨境詐騙，作案地點包括中國大陸、東南亞、歐洲、非洲等地，讓全世界見識到台灣人的奸巧。

台灣早期稱詐騙集團為「金光黨」，常見的手法如狸貓換太子、刮刮樂、誘騙投資等，後來發展出各式電話詐騙。警方估計，全台灣有將近十萬人從事詐騙犯罪，由於台灣對詐欺罪刑責較輕，大部分詐欺犯被抓到關幾年就可以出來，因此有許多年輕人加入所謂「低風險、高收益」的詐騙行業。

雖然政府不斷宣導反詐騙及國人防詐意識抬頭，警政署早在二〇〇四年就成立「165」反詐騙專線；二〇〇九年成立165專屬網站；二〇二二年更訂頒「新世代打擊詐欺策略行動綱領」，成立「打詐國家隊」，卻仍擋不住行騙天下的台灣詐騙集團。他們仍然使用電話、簡訊、網路等工具犯案，受害者早已不限於台灣民眾，成為複雜難解的跨國犯罪問題，也讓台灣有了「詐騙王國」的惡名。

詐騙集團採取企業化方式經營，內部作業分工明確，「電腦手」負責發簡訊與打電話；「一線」扮演「警察」；「二線」為「書記官」及「檢察官」；當詐騙金額匯入指定戶頭後，再由「車手」提領現金，交給台灣老闆。贓款經地下匯兌、境外匯款、虛擬貨幣、遊戲點數等層層洗錢。近年虛擬貨幣洗錢興起，只要五秒鐘就跑遍全球，九成五的贓款追不回來。

詐騙集團有嚴格的作息時間、培訓制度和考核制度。每天定時定點吃飯、睡覺，還有每天的晨會和晚間檢討會；手機集中保管，不許向家人透露具體工作內容；以專門的詐騙教材培訓，提高詐騙話術技巧；定期的業績排行榜，根據「業績」決定升遷。

手機APP「Whoscall」，整理出五大類型詐騙簡訊，依序為股票投資（占六七％）、紓困貸款（二〇％）、一頁式網購（六％）、博弈娛樂（五％）、色情交友與網購包裹（各一％）。歹徒經常假冒賣家、電商或銀行客服，凡是提到「涉及刑案」、「監管帳戶」、「偵查不公開」、「子女為人做保、欠錢，要求贖款」、「解除分期付款設定」、「警察局偵辦案件」、「法院檢察官偵審案件」、「醫院掛號處通知」、「銀行帳號或個資外洩，需要緊急凍結現有帳戶」等關鍵字，非常可能就是詐騙電話。詐騙集團利用老梗詐騙手法，誘騙民眾到銀行臨櫃匯款，或是到超商購買遊戲點數，就是要騙你的錢。

日本也有類似的電話詐騙，稱為「オレオレ詐欺」，或者跟你裝熟，以親人欠錢要被移送法辦，或親人被綁架等虛構情事，使人產生恐慌，匆忙中付出金錢。而台灣常見的「包裹到貨」詐騙簡訊也是日本、美國等國最常見詐騙手段。以「銀行綁定」的手法，誘使民眾輸入信用卡與帳戶資料來盜取款項，這在二〇二〇年底成為泰國最嚴重的集體受害事件之一。

其他詐騙方式，如退稅詐騙、健保卡違規使用詐騙、假綁票真詐騙、銀行帳戶詐騙、「猜猜我是誰」裝熟詐騙、公文詐騙、交友詐騙。甚至COVID-19疫情期間，有騙徒以電話通知檢驗陽性確診結果，要求民眾繳交現金購買藥物，荒唐到了什麼都能騙的狀況。詐騙手法何其多，要的就是你辛苦賺來的錢，萬一遇到，不要慌張、冷靜思考、多方求證，就不會上當！

第六章

如何分辨出台灣人

WAYS TO RECOGNIZE TAIWANESE

60

中文繁體字

幾年前，一位來自台灣的姑娘，在北京開了一間名叫「繁體字」的咖啡店，店裡全部使用「繁體中文字」來書寫，沒想到在北京爆紅，吸引許多中國文青來一探究竟！李雪莉畢業於文化大學中文系，在北京「繁體字」咖啡館內，擺滿了台灣版的繁體書。咖啡店不僅吸引中國人，連許多外國人也來學習繁體字。對他們來說，有完整筆畫、順序的繁體字非常新奇。她也在店裡開了「繁體字私塾」，每到周末都會有學生來這裡，學習中文字從甲骨文到現在的演變。

中文簡體字主要在中國大陸、馬來西亞、新加坡，以及東南亞的一些華人社區中使用，使用人數超過十三億。現今世界各國學習中文的熱潮，多半也傾向使用簡體中文來教學。過去，簡體字與繁體字並存於聯合國的文件中，然而中華人民共和國於一九七一年「恢復」合法席位後，目前聯合國中已經沒有任何成員國使用中文繁體字，只保留簡體文本。

也因為如此，中文繁體字恰好成為台灣的特殊印記，是區分台灣與中國大陸的最明顯特徵！目前繁體字的使用主要在台灣、香港、澳門、外國華人區以及日本、韓國等漢語圈國家，使用人數約爲三三〇〇萬。其他如中國廣東省、特別是深圳、廣州，因廣東話書面體為正體中文，因此書面上以繁體為入門，許多風景區、餐廳、交通車輛等也多以繁體中文來標示。

由於繁體字歷史悠久，所以仍舊非常具有影響力。二○○八年聯合國也中止討論撤銷繁體字，並將繁體字視爲文化遺產加以保護。現在使用簡體中文的國家裡，過去有很多是使用繁體字。如西元一九五六年以前，中國也使用繁體；一九七六年以前，新加坡也使用繁體；一九八一年以

前；馬來西亞也使用繁體。另外，一九四八年以前，韓國也使用繁體，現在全面改用韓國字母；一七八九年以前，越南也使用繁體，現在改用越南字母（羅馬拼音）；日本現在則使用假名混合漢字。

實際上，繁體中文是傳統中華文化使用的中文書寫體系，至今有二千年以上的歷史，直到二〇世紀一直是世界華人所通用。更別說漢字是世界上最古老的三大文字系統之一，其中古埃及的聖書字和兩河流域蘇美人的楔形文字已經失傳，只有漢字至今還在使用。歷史的演進，意外地使台灣成了捍衛中文繁體字最後的堡壘，還真是令人始料未及！

61

台語、國語鬧笑話

你知道台中有條路叫「北七路」嗎？懂台語的人才懂的笑話，需要一點腦筋急轉彎。什麼是4＋？很慢的奶雞？菱洲宮、靈姥寺、脫口罩一下、檳榔交出來…這些台語、國語搞不清楚而鬧出來的笑話，你了解笑點在哪嗎？不知道的話，趕緊再惡補一下台語喔！

◆**筆和紙**

有個小妹妹去雜貨店買東西，就跟老闆說：「頭家，我要買筆和尺（台語）」。結果…老闆拿了隻「皮卡丘」給她。

◆**多拉A夢什麼顏色？**

紅色，因為歌裡面唱「昂昂昂」！

◆**小孩子跌倒猜一成語？**

馬馬虎虎，媽媽撫撫。

◆**3個男人洗澡，猜一種電器用品？**

洗衣機（台語）。

◆**4個男人被電電到，猜一種電器用品？**

電視機（台語）。

◆酒館中

二名台男喝得酩酊大醉，A哭訴：「阮七仔講，若是沒夠長，伊就不跟我結婚。」B詫異：「瞎米沒夠長？」A哭倒：「伊講一定愛有夠長，才要跟我結婚。」B拍桌：「真正破格！哪可以說沒夠長就不跟你結婚！」A捶胸：「伊講有夠長（教堂）才會羅曼蒂克！」

◆朗誦

一天布丁妹去參加朗誦比賽，弄到很晚才回家，一進家門父親就很嚴厲地責問她：「為什麼這麼晚才回來？」

布丁妹很累，所以不耐煩地回答說：「朗誦啦！」

父親聽了之後更生氣地說：「人爽（台語）？哩西皮在癢！」

◆五星級飯店

小明的公司招待員工去國外旅遊一星期，他很高興的回家跟媽媽說。媽媽說：「這麼好呀，公司要招待你們去旅遊哦！」小明回答說：「是呀！公司還說住五星級的飯店呢！」

結果一星期過去了，小明從國外回來了，身上卻到處都是蟲咬的痕跡。媽媽就問他：「怎麼會這樣？不是住五星級的飯店嗎？」

小明很無奈的回答：「我們聽錯了啦！公司是說要住『有省錢』（台語）的飯店！」

◆皇上駕崩囉！

在清朝時代，有一個太監來到福建旅遊，聽到人民都是講閩南語，忽然他靈光一閃：「如果我學會閩南話，回去宮中就可以向其他人炫耀炫耀。」於是就請當地人教他一些簡單又好記的閩南語。他回京以後，便時時不忘想找機會表現一下。

有一天御膳房通知皇帝用膳的時候，他就大喊：「恭請皇上駕崩（吃飯）！皇上駕崩囉！」於是，他就被拉出去砍了。

阿嬤的故事系列

◆導尿器

有一個阿嬤到藥房，對老闆說：「老闆，我要導尿器。」

於是，老闆就拿出各式各樣的導尿器，並且詳盡說明用法。

阿嬤一臉疑惑的問老闆：「老闆，我是說要『毒老鼠』（臺語）。」

◆火爐？

有個阿嬤到雜貨店去，問小姐說：「阿你家甘五火爐？」

小姐說：「你要烘身體的還是烘肉用的？」

阿嬤說：「烘你A頭啦！我要洗頭毛的『飛柔』啦！」

◆阿嬤妳是 38G

阿嬤帶著孫子去搭飛機，可是三個人都看不懂英文，空姐的台語又不佳，但仍很親切的幫阿嬤等三人看座位。而飛機座位是用英文字母及數字編排的，只聽見空姐說：「阿嬤妳是38G，妳孫是D，阿公你C底家。」

◆世上只有媽媽好

夜深了，也該上床睡覺了，慈祥的老阿嬤用她那台灣國語、柔柔的聲音，歌頌母親的偉大，對著兩孫兒凱凱和心心唱道：「素上只有媽媽好……」凱凱狐疑的問道：「媽媽為什麼要跑到樹上去？」心心的困惑則是：「樹為什麼會罵罵號（台語）？」

◆換鮮奶

某天大伙兒到餐廳去吃飯，上了五、六道菜之後，阿嬤招手叫服務生，說：「小姐，口不口以換鮮奶？」

服務生：「阿嬤，抱歉喔！本餐廳沒有鮮奶。」

阿嬤：「不素啦！小姐，偶素梭，可不可以換鮮奶啦！」

服務生又說：「阿嬤，不好意思，鮮奶超市才有賣，本餐廳沒有供應鮮奶！」

阿嬤氣極了：「換（飯）沒有鮮奶（先來），怎麼吃菜啊？」

阿伯的故事系列

◆吃飽3粒

護士小姐給阿伯一瓶藥後，順口說：「吃飽3粒（閩南語）。」

回到家，媳婦看到阿伯把所有藥倒在桌上數，便問阿伯這是在幹嘛？

阿伯回答：「夭壽哦，護士剛才跟我說吃130粒，我數來數去也就100粒，你來幫我數看看。」

◆多喝水

二天後阿伯回診，這次醫生沒開藥，只說一句：「多喝水。」

阿伯一回到家，就躺在床上，一動也不動，媳婦一看，大事不妙，便上前詢問，只見公公說：「醫生要我多喝水（倒好勢）。」

◆數到3就要走

好不容易告訴阿伯趴在X光機上，準備要照時，護士說：「阿伯！我數到3就要照（走）喔！（台語）1…2…3…」，只見阿伯往X光室外面跑。

◆死死A卡快活

有一天護士見到阿伯氣喘不過來，急忙拿來氧氣罩。

護士：「阿伯，我知道你很難過，我互你勇氣（氧氣），死死A（吸一吸）卡快活。」

◆行照交出來

阿伯交通違規，遇到交通警察臨檢，警察要求阿伯把駕照和行照交出來，結果阿伯直接把車開走了。警察追上攔下說：「你再給我跑啊！」

阿伯回答說：「警察大人，你不是叫我先走（台語）哦？」

◆阿伯，你林啥？

阿伯吃完選舉宴，回家時不小心被車子撞倒，被送到附近醫院時，護士小姐看他有點神智不清，就幫他填寫病歷資料，知道阿伯姓林後，於是問他：「阿伯，你林啥？」

阿伯答：「我喝兩罐祕魯ㄋㄧˋㄚ。」（台語）

護士：「不是啦！我是問你叫啥？」（台語）

阿伯答：「我叫海帶配滷蛋啦！」（台語）

護士：「!@#$%^&*」

62

台女的特徵

女性本來就是很奧妙難解，我身為正港的台灣人，應該多少對台灣女性有所了解才是，其實不然。「台灣女性」簡稱「台女」，除了希望自己的皮膚白淨，因此不愛曬太陽，大白天要撐傘之外，另外還有許多的特徵，讓人一看就能分辨出來。台灣女生有想法、獨立、活在當下、生活得自在愉悅又各有魅力，或許某些人會認為台女太有主見了，但至少她們都勇敢地活出了自我！

外國人的眼中的台灣女生是什麼樣子呢？一位在台灣娶妻生子的日本女婿，是如此分析台灣女生，他認為台灣女生比較強悍、有主見，甚至外八的走路姿勢就可看出來其霸氣與大剌剌的個性。相較於日本女性，台灣女生很友善，就算是第一次見面的陌生人，也能快速的聊開。而且，台灣女生比較不在意外界目光，尤其是在穿著上很隨興自由。

但是，「台女」的負面形象也不少！臉書粉絲團「毒舌日文」版主Yoshimichi，整理出「日本人心中的台女」印象，他們形容台灣女生的模樣，包括：愛自拍、可以不化妝出門、愛遲到、愛錢、恰北北、愛利用男人、可愛、公主病、不會煮飯、多嘴多舌、笑容很棒等。

「台女」原意指台灣的女性，但如今卻逐漸變成負面的用語，網路上甚至出現「台女不意外」這個貶抑的詞彙。「台女」的負面含義，大多數是女權自助餐、愛慕虛榮、眼睛高過頭頂、自我中心、公主病、把男生當工具人等的負面印象。比如公主病，指的是女生不願意付出只想坐享其成；價值觀偏差，認為男性應該要付錢，把男性當ATM；把男性當工具人，利用對方幫忙修電腦、買宵夜、溫馨接送情；整天強調兩性平等，卻常常做矮化男性的舉動。

女權自助餐，該詞起源於美國脫口秀主持人Bill Burr《反女權主義》的表演，他表示許多女性整天高呼「男女平權」，但事實上只想獲得福利，卻不願意承擔。「女權自助餐」一詞也立刻風靡台灣，專門諷刺那些把女權至上當口號，選擇性的使用平權論述，只在乎對自己有益的部分，實際上卻只想著佔盡好處的女性。

63

台男的特徵

「台男」指的就「台灣男性」，在台灣出生、成長的男性，與其他國家的男性相比，當然有不一樣的地方，甚至從一些小地方就能夠輕易辨別出來。根據日本雜誌《japaholic》報導，台灣男生認真踏實、溫柔體貼的形象，頗受日本女生喜愛！住在台灣的日本女性就認為，台灣男生會幫女生開門、拎包包，很尊重女性，讓人有種「自己是很棒的女生」的感覺。另外，像是慶祝紀念日，台灣男生都會用心準備禮物，或是早晚都會用通訊軟體問候，報告各種小事，都讓女生充滿安心感。

不僅如此，近年來很多香港女生忙於找台男待嫁，隨著越來越多台港戀的成功例子，香港女生群組內還盛行「嫁台男一定會幸福」的說法。「嫁去台灣，因為台灣的風氣好」，甚至有「台灣的文化水平比香港高得多」、「台男有文化，港男無文化」的說法，認為台男甚至說「幹」這類粗話，都比港男說的好聽或是有文化氣息。看來，台男在香港的形象不僅勝過日本男，也勝過香港男。

「台男」到底有沒有這麼好，或許見仁見智，也或許是距離造就出來的朦朧美，讓台男身價水漲船高。其實，「台男」還有許多特徵，是被島內自己人罵得很兇的，比如小氣、大男人、固執等負面印象。而且，不少社會案件多半最後都是爸媽出來道歉、處理等等，台男大部份是「媽寶」的批評也不少。

也有很多新名詞會用來形容台男。比如「直男」，「直男」這個詞也有負面意涵，嚴重的就稱「直男癌」，指的是思考方式一直線、很固執，引申為大男人主義、不懂女性思維、心思不細膩、個性自我的男性。

還有「覺青」，覺醒青年的縮寫。意思是指積極關注政治、參與政治活動的人。不過現在「覺青」這個詞帶有一點諷刺意味，指的是只會空泛討論，無法提出具體建議，遊手好閒、仇富、想不勞而獲，甚至是沒能力，只會啃老的人。

64

台灣人民不怕警察

屏東縣新園鄉有個「烏龍村」，曾被票選為全國地名最為奇特的村落。當地派出所在民國八〇年前，都還叫作「烏龍派出所」，恰巧偵查佐林文欽的兩道濃眉，看上去簡直就是真人版「兩津勘吉」。而為了表現親民形象，東港警分局還放上「兩津」的立牌，不禁讓人莞爾一笑！台灣的警察被譽為「人民的保母」，舉凡大小吵架、遭遇詐騙、違規停車以及各種刑事案件，台灣警察都會挺身而出為人民服務！

台灣的警察就是那麼親民，而全世界大概也只有台灣人不怕警察，甚至敢對警察施暴！日前有一位台灣人，自己違規停車，被開單結果不爽跑去砍警察。凶嫌為餐廳廚師，前日將小貨車停放在板橋區溪頭街紅線區，發現已經被開六張罰單相當氣憤，正巧派出所員警又前往取締，吳嫌一怒之下，從車內拿出菜刀追砍，員警左胸、左手臂至少五處刀傷，最長傷口達十餘公分。現場這種情況，如果在世界其他地方，我想車主應該早就被警察開槍KO了。

號稱「人民保母」的警察，配著槍、穿著筆挺制服，看上去很風光，但其實警察的職務範圍非常廣，無論是大事還是小事、正經事還是鳥事，各種事都

POLICE

是警察工作的日常。並不像電影中演的，只要在派出所裡泡茶聊天，就可以搞定的。

最令基層警察鬱悶的，就是出事情的時候，被長官推出來揹黑鍋，警察圈內甚至有「績效是長官的，缺失跟責任下屬扛」這樣的潛規則。警察也需要有高強度的交涉能力，尤其在黑道、白道、政客之間，一個弄不好自己就會惹禍上身。政治人物為了服務選民，常有關說的事情傳出，小警察往往無法跟政客對抗，否則升遷無望、前途渺茫，以致於台灣警察在執法上總是「硬不起來」。

警察接獲民眾檢舉前往取締違規時，遇到違規者用難聽的話對警察嗆聲、動手動腳，更是家常便飯，許多第一線員警在執法過程中，無辜受到辱罵，甚至遇到攻擊受傷身亡。警察工作充滿高風險，尤其是第一線的警察執勤時最不安全，有可能受傷或當場殉職。而台灣警察最大的困擾，就是「開槍」這件事！在台灣，警察射出一顆子彈就要寫好幾頁的報告，民眾經常對於警察開槍有各種不同的意見，到最後很多都會被貼上「執法過當」的標籤，遭受沒完沒了的檢討。到底要不要開槍，成為台灣警察最困難的問題！

國外的情況就大不相同，「執勤的警察是公權力的象徵」，千萬不要隨意挑戰警察的公權力，否則後果自負。看看加拿大和美國，警察所握有的公權力，經常超乎台灣人的想像。雖然也都會遇到警方執法過當、開槍擊斃嫌犯、少數員警濫權等爭議性事件，但往往是民眾輕視甚至無視警察人員的指令所造成。外國警方依法執勤時的權力，大多數情況下都比台灣要大上許多，所以千萬不要輕易挑戰警察執行公權力！

在許多國家，警察「看似」親民，但不代表可以隨意靠近，甚至謾罵、攻擊，更不用說是直接對警察做出言語或肢體攻擊的舉動。警察只要穿上制服執勤，就是在執行「公權力」，他們有相當大的權限可以自主判斷現場情況，對「惡意妨礙執行公務」的民眾進行壓制，甚至逕行上銬逮捕的動作。

在台灣，酒駕民眾不願配合酒測，與警方產生爭執的情況，在國外當場就有可能直接被壓制拘捕，誰會像台灣警察一樣，還會好聲好氣地「道德勸說」？台灣警察的親民讓人忘了他們也是「有公權力的執法人員」，只能說，「人民的保母」警察把人民給寵壞了！

65

人民很會罵總統

總統是國家元首，掌握國家機器，也是所有公務員的頂頭上司，看起來威風凜凜、非常偉大。但是，在台灣當總統，可能是一份吃力不討好的工作，有跑不完的行程、處理不完的事，而且一旦發生任何事，總統很容易就被罵爆！現任總統蔡英文日前與高中生分享她當總統的經驗，她表示，當總統沒有休假，還要花很多時間思考，做事情也一定會被罵，她坦言：「被罵是很正常的事，其實總統這工作還滿辛苦的！」

過去威權時期，人民對於統治者總是認為高高在上，如今，進入民主時代後，統治者也不再是像過去一樣神聖不可侵犯。人民有罵總統的權力，這是民主國家給予人民的「特權」。所有的媒體報導、網路社群言論、社論政論節目，有誰不罵當朝政府？誰不罵總統、行政院長？彷彿全民集氣罵政府，天怒人怨的樣子。

台灣人在兩蔣時代是不能罵總統的，在警備總部強力的偵防下，罵蔣總統的下場都很悽慘。當然仍有人選擇不服從而公然抨擊蔣總統，試圖讓大家認清國家元首不是神，政府應該被監督。李登輝先生身為第一位平民總統，也是台灣第一位直選總統，開啟台灣人可以公開罵總統的時代，而且不用擔心會被抓去關。

之後，陳水扁締造第一次政黨輪替，國民黨對之恨之入骨，阿扁曾說一堆人「照三餐罵他」，各種惡毒的謾罵都出現。到了馬英九時代，罵馬英九就成了顯學，好像台灣所有的問題，千錯萬錯都是馬英九的錯。人民有罵總統的權力，罵總統變成一種流行，這也是獨特的台灣文化。現在，蔡英文執政，各種責罵時有所聞，連綠營內部也都有批評聲浪。台灣人可以罵總統，更何況罵總統是反對黨的天職，也是監督政府的一部分。

在美國，嘲諷總統是脫口秀節目的主要題材，但大都無傷大雅，只為搏君一笑，不至於淪為低俗的人身攻擊。在美國罵總統比罵自己的小孩子更安全，因為總統是政治人物，罵總統是一種議政行為，是公民的基本權利。

如果你罵總統：「你是頭蠢豬！」你不會有什麼後果。但是，你要威脅總統說：「我要用槍爆了你的頭！」「我要放火燒了總統府！」你就等著警察逮捕吧。事關國家元首人身安全，過激的言論不能算是言論自由，就像開玩笑不能開過頭一樣，在日本前首相安倍晉三的槍擊事件後，國家元首的安危再度引起世人重視。

66

你好台！台客穿搭！

隨著全球越來越國際化，價值觀逐漸交流融合，形成一種各方都能認同的普世價值的同時，各個地方的人們也開始發現彼此的差異，紛紛尋求能代表本土的風格、在地的精神，以認同自己的存在並突顯自己的不同。對於台灣來說，「台客文化」或許展現了台灣在地精神！有人說「台客」是指很沒有氣質、很「聳」的人，而「很台」就是很俗、很「聳」的意思。那麼，到底什麼是「台客」？怎樣叫做「很台」呢？

台客這個名詞從二十世紀末開始，起初多是負面的觀感與評價，台灣駐德大使謝志偉在文章《好台》中解析，「台客」或「土台客」是一九四九年後，在台灣出生的外省第二代，用來稱呼那些滿口台灣國語，或穿著很土的台灣人所用的詞語，以「好台」二字來表示輕視與不屑。「台客」二字也在楊德昌的電影《牯嶺街少年殺人事件》出現過，指的是眷村外省幫派用來稱呼本省籍幫派人士。

「台客」說起話來台灣國語，習慣以髒話為語助詞，以及夾雜著「機車、龜毛」等台灣人的慣用語；或許吃檳榔又愛抽煙；愛穿藍白拖、帆布鞋，空鞋愛將後腳跟踩平，而且不穿襪子；愛穿白色吊軋內衣、花襯衫等。而台灣的女生就被說成是「台妹」，或許身穿緊身T-shirt、小可愛，搭配著短裙；五顏六色的指甲油等。以往台客廣被批評的，或許是盲目跟隨並模仿國外的流行文化，像模仿日本黑社會的穿著打扮，「仿」日本風、「仿」嘻哈風等，這樣的台式混搭風，常被冠上「俗」、「聳」的評語，以及膚淺、沒有深度、沒有水準。

然而，「台客文化」演變到今日已經大不相同！現在被說「台客」、或是「很台」的人，就只是呈現出台灣人最真實的的生活方式，沒有太多包袱和表面的禮貌虛偽，該怎麼樣就怎麼樣，形成一種在地特色的自我主張！事實上，這些台客愛台灣，擁護台灣大眾文化，愛看鄉土劇、不會說外語，就是道地本土的台灣人。

如今，台客、台妹的穿著早已從「俗」、「聳」轉變為「尚青」的代名詞，形成所謂的「台客時尚」，時髦得很！首先，五分短褲和藍白拖的搭配，是不少人心中的台客定番造型，有著濃濃台味。另外，電影裡對台客的既定印象，就是襯衫衣領要誇張地立起來，以突顯自我的存在。

現今所謂的「台客時尚」，比如「垮褲」潮流，褲子是越垮越好，褲子穿超低、褲管寬鬆；清涼好穿搭的吊嘎、阿伯裝扮；藍白拖鞋，是台灣的代表性物品；變色放大片，五顏六色變化無窮，展現自我魅力；粗獷金項鍊也是必備，代表底氣十足；墨鏡也是台客們不可或缺的時尚單品。這樣的穿搭就被稱為「台」，或許散發出了台灣的在地氣息，不拘小節又渾然天成，隨興自由兼具獨創精神，就是「尚青」的台客！

67
愛買房地產

台灣地狹人稠，房地產一向是台灣人的最佳投資選項之一。媒體也經常披露房價高漲，一個人要不吃不喝十幾年，才能在台北市買到一間自己的房子，台北市的高房價成了「天龍國」！根據全球數據庫「Numbeo」二〇二〇年的調查，台灣房價所得比高居全球第九，買房難度甚至高於南韓和日本。台灣人對房地產的偏好，造成房屋價格易漲難跌，讓年輕人不禁連連哀嘆「買房難」！

據筆者長期的觀察，台灣人一有錢，首先想的就是「買一間房子」，既可存錢又可保值，這樣的想法，幾十年來都沒有變。受傳統「有土斯有財」的觀念影響，許多人奮鬥了一輩子，為的就是買上一間房。房子在民眾的心裡意味著安全感，有了房子才算成家，沒有房子心裡就不踏實！

對於一般人來說，房產代表「底氣」，是許多人手中最重要的一個籌碼，比如很多人結婚前，會先問有沒有房子，常常變成現實社會衡量一個人的標準。而已經有房子的人則「以房養老」，持續不斷的囤房。主計處統計，擁有四戶房屋以上的多屋族，自二〇一三年至二〇一九年來，總共多出四萬人。

「以前的人，努力一輩子至少買得起房子，現在再怎麼努力，沒有一個好老爸、好公婆，大概這輩子想買房就免了吧！」房價所得比居高不下，台北市

一五．五四倍，新北市一二．二五倍，台中市一〇．一六倍，買房實已成為民眾沉重的負擔。就連央行總裁楊金龍日前也說出：「我也是四十歲才買房。」這一句話，顯示出台灣買房大不易。

雖然房市瘋漲，但政府的打炒房政策卻效果不彰，有學者認為，台灣的房屋持有稅僅約〇．〇三％至〇．一四％，是世界各先進國家中最低的，如美國紐約、日本東京、英國倫敦持有稅稅率各是〇．七二％、〇．二％及〇．三八％，台灣稅率偏低，使得台灣人手上有錢，紛紛錢進房市。

放眼其他國家，有八成的新加坡民眾租屋，德國租屋者也超過一半。滙豐集團「磚瓦之上」的報告顯示，全球平均每人每週花費三．五小時關注房地產資訊，台灣以四．五四小時名列亞洲冠軍。台灣人的愛買房，將房屋當成投資熱門選項，幾乎成了世界少見的例子。

看見房價每年上漲，有能力買第二間以上的有錢人，都會想多投資幾間。台灣房子具有「保值性」，出租當包租婆就有「租金」可收，何樂而不為？很多台灣長輩們也勸年輕人，只要不買車，就有買房的頭期款了；買房雖有房貸的壓力，但終有苦盡甘來的一天，租房的人卻可能是先甘後苦等等。在許多人以身作則之下，使得「買房子」成了台灣人置產的最愛！

68

你是哪一族？

◆哈日族

哈日族（Japanophile）原先是指崇拜、複製日本流行文化的台灣青少年族群，這群人從生活、娛樂、思想上學習日本文化，現在不論在台灣、香港或是中國大陸，都有相當數量的哈日族。

有些哈日族會大量購買日本最流行的服飾、配件、手機吊飾等等，同時也參考日本的時尚雜誌，學日本人化妝，以外表來哈日，台北西門町就是哈日族的大本營。而日文能力不錯的哈日族，通常會定期去日本旅遊、喜歡泡湯、閱讀日本書籍報紙期刊等，會主動去了解日本的政治、經濟議題。日本文化對於台灣老一輩也有相當的吸引力，由於曾被日本統治過五〇年，老一輩的台灣人能藉由日本連續劇，找到相近的生活經驗。

全世界其實也吹起日本風，不論日本的漫畫、動畫都很流行，而湯姆·克魯斯拍攝電影《末代武士》後，也被當成是美國的哈日族。

◆哈韓族

韓流，是指韓國文化在亞洲和世界流行的現象。一般以韓國電影、電視劇為代表，與韓國音樂、服飾、飲食、體育、旅遊觀光、化妝美容和韓語等，形成一個強大的流行力量。「韓流」一詞最初為中文媒體所提出，用來形容男孩團體 H.O.T. 帶到中國的韓國潮流。韓流英語為「Hallyu」，得到韓國政府的扶植。一般民眾身為哈韓族，是從觀看韓劇慢慢接近，接著則是音樂，也就是 K-POP。

現今在娛樂界，不論是音樂、電影、電視劇，甚至是服裝造型，韓國皆聲勢大噪。韓星們亦是受到世界各地的粉絲們追捧，從 PSY 在 YouTube 上江南 style 的破億點擊率便可知曉，他的騎馬舞更是蔚為風潮。除此之外，韓國影劇也風靡全球，前陣子火紅的《寄生上流》、《魷魚遊戲》都大獲好評。

◆北漂族

北漂一詞源自於中國大陸，是指從其他地方到中國首都北京謀生，卻沒有北京戶口的一類人，因而得名。北京給他們一份職業和一間出租屋，卻不承認他們屬於這個城市，「北漂青年」成了熱門話題。

國民黨高雄市長韓國瑜曾說，「高雄又老又窮」、「要北漂青年回家」等語，借用「北漂」一詞，點出高雄發展停滯問題，搶攻青年選票，同時也指出政府長期重北輕南的政策造成此現象，「北漂」一詞因而在台灣引起流行。

調查結果顯示，高達八一%的外漂工作民眾，認為離鄉工作只是無奈，只要家鄉有工作與發展機會，就願意回鄉工作與購屋。其中高雄、台南市都有一半以上為外漂人口，並以高雄七二%比重最高。北漂議題發酵，許多年輕人大嘆家鄉沒工作機會，而會有如此結果，主因在於台灣發展長期重北輕南，非直轄市資源更是稀少，造成南部或缺乏資源的縣市民眾為求工作溫飽，只能「漂」離家鄉。

◆靠爸族

台灣有「靠爸」、大陸叫「拚爹」、香港稱「父幹」，形容一些人的成功來自於倚靠家中長輩，也指靠父親等親屬勢力或給予經濟支持，成為新興名詞。台灣「靠爸族」起源於二〇一〇年歌手劉子千的《唸你》這首歌。他接納父親資深音樂人劉家昌的創意，在家拍攝歌曲MTV，由於歌詞簡單，讓劉子千一夕爆紅，意外掀起社會討論「靠爸族」的話題。

根據人力銀行調查結果，有二成二的受訪者，承認家中親戚是中高階主管，近九成曾靠關係求職。問卷中也問到，如果可以選擇，是否希望能有「關係」可以依靠，結果有六成二的上班族希望自己有關係可以靠，但代價卻是，工作表現容易被放大檢視，所以，也有人甘願靠自己的實力打拚。

◆阿姨我不想努力族

「阿姨我不想努力了！」一詞其實最早源自中國，當地許多中年富婆為了徵友，在交友軟體上大方地表示要找小鮮肉，並提出相當誘人的條件。如在上海有二間房、三輛名車等，通常會在文末會寫上「不想努力的可以找我！」暗示自己在尋找願意被包養的年輕男子，因而得名。

這股流行也迅速傳到台灣，網路上盛傳一張外送訂單，備註欄寫著「幫我放在管理室，說是陳阿姨的就好，但若是不想努力的話，可以送上樓！」於是「阿姨我不想努力了！」就成為台灣網路上的熱門金句，就像「少奮鬥十年」用來指男子吃軟飯、靠有錢女人生活的意思。

不過也不是所有小鮮肉都能不努力，最經典的「失敗版」就是一名男網友，在交友軟體上說一句「阿姨我不想努力了！」卻遭到無情回覆「不想努力就去死，廢物」；或是對方直接說「你快去醫院！你有什麼資格！」這些失敗版對話，都讓網友笑翻，「阿姨就派欸」、「結局大不同」。

連副總統賴清德都趕上這一詞的流行，日前他到成大與學生座談，談未來世界將面臨的挑戰，並當場調查學生未來想做什麼，結果有四二%的學生選擇「躺平族，阿姨我不想努力了！」賴清德看到調查結果開玩笑表示，「要先找到可以訴苦的阿姨」才行。

◆水果族

水蜜桃族，民國八〇年後生，他們從小到大，用文字溝通的時間，已經超過口語溝通，而且大量運用社群媒體，包括 LINE、IG 等。因為新世代父母看重的是品格誠實，所以水蜜桃幾乎從小到大被鼓勵誠實，有時誠實到白目，也對於政治人物的不誠實感到非常厭惡。

草莓族，民國七〇年至八〇年生，抗壓能力低，像草莓一樣容易被壓垮，最常被虧的草莓族也最愛酸人。有專家認為，草莓世代的創新能力很強，其實外界說草莓抗壓性差是誤解。

芭樂族，民國五五年到六六生年，一開始硬但後來軟。芭樂變成主管後，因為以往受過權威管理，所以他們愛跟員工講道理、重禮數和專業式領導。芭樂最愛「在職進修」，所以碩士在職專班、EMBA，大都是芭樂族。

榴槤族，五十五歲以上，抗壓性最高，因此不易吐真言，有事都壓在心裡面，與旁人也都維持一定的距離，對人顯得客套、表面上維持和諧。

◆小屁孩

小屁孩，以字面上的意思就是，年紀很小的孩子，因為無法控制排泄，如大小便、放屁等等，對於自己的控制能力非常的差，甚至有不成熟幼稚的行為。因此小屁孩，就可以聯想到一連串的負面字眼，跟不明事理、無理取鬧，看不順眼就要打，讓別人不快樂。事實上，小屁孩或許就是青少年的叛逆期，等過了這段時間後，自然就會甦醒了。

所謂的屁孩行為，只要我喜歡有什麼不可以，就是不顧別人，造成別人的困擾。比如在公眾交通運輸工具上吵鬧、亂丟垃圾，有的還亂噴口水及穢物；

改裝機車把排氣管改得很高，又非常的大聲，吵得住戶都不能睡覺；或是超速飆車，違規逆向闖紅燈；破壞公園的廁所、公共設施等等。

◆不滿族

顧名思義，就是「不滿足、不滿意」。現代人生活壓力太大，對什麼都不滿，對薪水不滿足；對工作不滿足；對性生活不滿足；對另一半不滿意；對鄰居不滿意；對政府不滿意等等。

親愛的讀者，你是哪一族？

69

台灣人的數字觀

現在國際上對台灣人的評價，多半是勤勞工作、教育程度高、治安良好等正面的稱讚，但其實台灣人從以前就有不少缺點。一八九八年日治時代，總督府民政長官後藤新平上任後，以科學調查台灣，希望掌握台灣風土民情，對台執行「新政」。經過地毯式的調查後，他對台灣人的評價是「愛錢、愛名、怕死」，對台灣人軟弱的一面牢牢地掌握，分析的如此精闢，的確也點到了台灣人的痛點。

四為「死」的諧音，有死、失敗的意思。直到今日，台灣人依舊「怕死」、不喜歡數字四，所以舉凡手機號碼、車牌號碼、門牌、房屋的樓層等，尤其是尾數都要儘量避開四這個數字。如四樓、房號尾數四、車牌號碼四等，都是不吉利的數字，台灣人一定會想要避開。

而「愛錢、愛名」這件事，從台灣人喜歡八的數字就可看出來。八為「發」的諧音，有發達、發財的意思，與數字四剛好相反。因此，跟數字八有關的事物，如手機門號、車牌等，選號碼的時候最喜歡數字中有八，如888代表「發發發」；885表示「發發我」；168為「一路發」等。八的數字越多越好，代表好運吉祥，是人人都想選的數字！

網路上有許多流行語，是年輕人常用的網路用語，大部分數字類型的網路用語都是諧音梗，如80表示霸凌；87形容人白癡；881表示拜拜、再見；生氣的時候377。也有一些是台語的諧音，比如台灣人稱呼大陸人26；2266則形容做事隨便、草率敷衍；543說些有的沒的。

另外，台灣有一些公司，利用長年以來大家對數字的印象，以數字為名成立公司。電話號碼104是台灣的查號台，在沒有網路的時代，可以用來找公司行號的電話號碼，非常便利。就像大家都知道報警要打110一樣，長久以來104代表著找公司。結果，104這個招牌數字，被商人拿去成立104人力銀行，是一間找工作的網站，而且大獲成功。其他如買賣房子要上591網站，屋交易；要買車就上8891，意指爸爸交易等等。可以說台灣人腦筋動得還真快，數字的創意發想獲得了無限延伸。

第七章

教你講台語，台灣人如是說

WAYS TO SPEAK
LIKE A TAIWANESE

70

QQ的

台灣再度成為國際上的焦點！日前德國益智節目《Wer weiß denn sowas？》（誰知道這種事），詢問「台灣人說東西吃起來QQ的，到底是什麼意思？」讓德國的參賽者一頭霧水。結果挑戰者全都答錯，痛失百萬獎金，懊悔不已。其中，答案選項包括了，A：指形容媽媽的味道；B：形容食物有嚼勁；C：指食物含有酒精。只見兩位參賽者討論、思考後，最終決定選擇C，錯失挑戰百萬獎金的機會。

在台灣使用「Q」、「QQ」形容食物，通常是指什麼意思？「QQ」一詞其實源自於台語「（食丘）嗲嗲」，根據教育部「台灣閩南語常用辭典」，形容食物軟而有彈性、嚼勁很夠。比如，台灣人會說：「豬腳QQ的！」來形容豬腳具有膠質，而且吃起來彈性十足；另外，珍珠粉圓也常被形容為「QQ的！」

其實這不是台灣第一次被列入考題，先前「鮭魚之亂」時，同一個德國電視節目《誰知道這種事》就出題問參賽者：「台灣人為了吃免費的壽司吃到飽，做了什麼事？」答案公布：「把名字改成鮭魚」，同樣讓參賽者哭笑不得。

71

妳就水

誇妳「水」，聽懂了嗎？

閩南話的「水」有兩個讀音，一個是zuì，用於指我們生命中不可或缺的水；一個是suì，閩南人稱讚女人長得漂亮，常說「真水」。稱讚男人或者小孩的話，常用「緣投」（yán dáo）與「古錐」（gō zuì）來形容。

用「水」形容美是很恰當的，水與美貌形影相隨，就像《紅樓夢》裡賈寶玉口中的「女人是水做的骨肉」；《高山青》一曲中的「阿里山的姑娘美如水啊！」都可以看出閩南話形容女人的美為「水」，是剛剛好、恰如其分。

「水」用來形容女人漂亮，比如說，「穿水水」就是指穿得很漂亮；水喔！就是漂亮喔；也可以說「水查某」，意指美麗的女人；水噹噹，形容很漂亮；真水氣，指漂亮的樣子，也用於形容處事得當。「水某」的意思是「漂亮的老婆」，通常是叫自己的老婆。如果是別人老婆，就得說「拎某水喔」，就是：你老婆漂亮喔！

日前發生一則新聞，女兒上網意外抓包老爸喊阿姨「水某」，被法院判賠十萬。高雄人妻小芮（化名），意外發現丈夫與女同事發生婚外情，二〇一七年一月女兒使用家中的電腦，無意間登入爸爸的LINE帳號，結果竟然發現一段疑似外遇的鹹濕對話。丈夫稱呼女同事為「水某」；但更讓她驚訝的是，兩人的對話充滿性暗示，氣得提告通姦並求償二〇〇萬元。

高雄地院法官認為，女同事與小芮的丈夫互稱「老公、老婆」，聊天內容也提及私密部位，顯然已經超出男女正常交往範圍，縱使沒有真的捉姦在床，仍算是侵害到配偶權，最後裁定她須賠償小芮十萬元，全案仍可上訴。

72

台灣 Oh my God！

外國人碰到突發、不可預料的事情時，往往會驚訝地說：「Oh my God！」甚至呼天搶地的大叫。而很多台灣人在遇到驚嚇的事時，脫口而出的一句話則是：「阿娘喂！」「阿娘喂」用法跟「我的媽呀」、「我的天呀」一樣，都是在受到驚嚇時、或者刻意誇張時用的一句話。例如，突然看到一隻正在飛的大蟑螂，經常會先尖叫：「啊啊啊！」然後說：「阿娘喂，驚死郎！」

打翻桌上的飲料，說「阿娘喂」；很忙的時候電話來了，說「阿娘喂」；走路不小心被絆倒，說「阿娘喂」；下班走出辦公室，發現外面正在下大雨，說「阿娘喂」。「阿娘喂」這句話，已經是台灣人的日常生活用語。據說「阿娘喂」是恆春人的口頭禪，後來傳遍全台，甚至有人用「阿娘喂」這句話來判斷是不是屏東人。前幾年知名歌星許富凱七度入圍終得台語金曲歌王，掩面落淚激動地喊出「阿娘喂」，就被笑稱得獎感言有恆春味。

至於為何受到驚嚇會叫媽媽，據研究指出，小孩子不管遇到任何事，第一件事就是先找媽媽，因此自然地會叫「我的媽呀！」長大成人後，受驚嚇再叫媽媽會不好意思，就演變成「我的天呀！」這樣的用語。台灣人講「阿娘喂」，跟老外用英語說：「Oh my God !」的場合跟情境幾乎一模一樣，或許也顯示出媽媽的地位，如同天、如同上帝一樣的偉大。

有趣的是，義大利人跟台灣人相同，遇到驚嚇時也會叫媽媽：「Mamma Mia！」（媽媽咪呀），是當地常見的感嘆詞。在義大利不只有大媽會用，連年輕人也都會說。無獨有偶，韓國人受驚時也會叫媽媽：「어머！」（歐摸），愛看韓劇的人就會很熟悉這句。想不到，全世界的人遇到驚嚇，都一樣會大喊媽媽！台灣「阿娘威」的用法，跟「我的媽呀」、「Oh my God !」、「Mamma Mia！」、「어머！」幾乎一樣，你可以試試看將上述的詞套進去用，有異曲同工之妙！

日前，因使用「阿娘喂」這句口頭禪，而再度爆紅的台灣賽車教父廖老大，直播時有網友問及由來，廖老大笑說，聽久就變口頭禪了。甚至，他更直接以「阿娘喂」為店名，開起了飲料店。只能說台灣這句「阿娘喂！」還真是好用。

73

年輕世代流行語 1

真的是只有台灣人才能理解的流行語，並且在日常生活中可說是頻繁使用，對外國人來說簡直無法理解。

網路用語	流行語的意思
是在哈囉	是怎樣／是在幹嘛？（英文 Hello? 表示疑惑）
月經文	經常有人提起的話題
靠櫃	去百貨公司專櫃試穿
靠櫃被冰	在百貨公司遇到冷淡、態度不好的店員
森77	發脾氣
母湯喔	不行／不可以喔（台語）
氣pupu、氣噗噗	生氣
英粉	蔡英文的粉絲，民進黨支持者
燒話	造謠亂講話
水喔	漂亮／厲害（台語）

屬鼠／鼠薯	叔叔
怕周球	打桌球（台語）
搭早／搭早安	大家早／大家早安
搭晚	大家晚安
搭萬	大家午安
duck 不必／duck 不避	大可不必
唱秋	囂張（台語）
海巡	網路糾察隊，會在網路上四處查看別人發言的人
沒路用	不中用（台語）
洗洗睏	洗澡、刷牙睡覺去
牙小（台語）	噎洨（台語）。自作聰明，沒事找事做的意思。
粗奶丸／粗乃丸	出來玩
無言薯條／無鹽薯條	無言

買可樂	make love、做愛
低能卡	PTT 鄉民調侃 Dcard 社群網站充斥大學生的幻想文，還取笑 Dcard 網民都比較幼稚
低卡文	幻想文
喔某／omo	表示驚訝、讚嘆（韓語）
灣給	吵架（台語）
斯豆噗	STOP、停下
甘阿捏／甘安捏	（台劇《台灣龍捲風》經典對白）表達訝異、驚訝、疑惑、質疑、嘲諷的意思
ㄍㄧㄥ（ging）	硬撐／逞強
佛系	凡事無所謂、隨緣的態度
俗辣	膽小
啾咪	親我（啾 me）、賣萌裝可愛、撒嬌
公蝦毀	你在講什麼（台語）

笑到黑姑	笑到氣喘（黑姑是台語氣喘的說法）
凍蒜	當選（台語）
北七	白痴（台語）
卡好	比較好（台語）
像極了愛情	任何貼文最後都加一句「像極了愛情」，都能變成一首詩。
釘孤枝	單挑、一對一對戰（台語）
對蹦	輸贏啦、單挑
人品爆發	運氣超好
真愛	諷刺人找到有錢的對象
史密斯	什麼意思
芒果乾	亡國感
被塑膠／當我塑膠／塑膠我	當作不存在、被無視、已讀不回、看不起

踹共	出來講／出來面對（台語）
遲刻魔	形容遲到的人
邊緣人	沒有朋友
挖哩勒	表示驚訝、驚奇、訝異（感嘆詞）
CCR／ㄈㄈ尺	Cross Cultural Romance，意思是和外國人、不同文化的人戀愛

74

年輕世代流行語 2

真的是只有台灣人才能理解的流行語，並且在日常生活中可說是頻繁使用，對外國人來說簡直無法理解。

網路用語	流行語的意思
鍵盤小妹	冒充女性的男網友
阿災	我哪會知道（感嘆詞）
災辣	知道啦（感嘆詞）
領便當	形容電影中戲份少，很快就離開的角色，演員很快就可以領便當收工
魔法師	三十歲還是處男，出自日劇《如果三十歲還是處男，似乎就能成為魔法師》
呱張／瓜張	誇張
魯蛇	loser，輸家
黑特	hater，指發表惡意言論
去鼠	去死

慶記	子彈（台語）
住海邊	管很多、多管閒事
吉他／這我一定吉	告他／這我一定告
真香	前後不一，自打嘴巴的意思
甘蔗男	感情中男生一開始對你很甜蜜，到最後卻是渣男
撿到槍	講話很嗆
旋轉	講話不斷兜圈子／呼攏人（你不要旋轉我）
是在哈佛	諷刺對方的英文很差（源自嘲諷范瑋琪從哈佛大學畢業，可是英文卻很爛）
年輕人不講武德	曾經被拳擊選手三十秒KO的中國武術大師馬保國，在影片中聲稱自己被偷襲，說年輕人不講武德，影片意外爆紅
耗子尾汁	好自為之
咖啡話	原意是吸毒後亂講話，後來指講垃圾話
嘿啊	是啊（台語）

婉君	網軍
94 狂	很厲害
948794 狂	就是霸氣就是狂
國父	台幣一百元
塊陶啊	快逃啊
天龍國／天龍人	台北／台北人
安安	打招呼，早安／午安／晚安
小朋友	台幣一千元
小粉紅	熱愛中國、熱愛中國共產黨的人
幫 QQ	幫哭哭、替你覺得傷心，安慰的意思

75

台灣俚語1

◆ **規組害了了**

形容身體整個器官都壞掉了，尤其男人喜歡戲謔不舉時，就用此句形容。

◆ **食緊弄破碗**

吃太快，把碗打破。後延伸為強求眼前的快速，而把長遠計劃破壞了。

◆ **巧的顧身體，戇的顧家伙。**

聰明的人會照顧身體健康，笨的人則是視錢如命。

◆ **空嘴哺舌**

信口開河、天花亂墜，意指隨便開空頭支票。

◆ **龜笑鱉無尾，鱉笑龜粗皮**

形容彼此半斤八兩。

◆ **戇甲袂扒癢**

笨得連抓癢也不會，誇張地說某人極端不聰明。

◆用跤頭趺想嘛知

用膝蓋想都可以知道，表示情況很明顯，三歲小孩都知道的事情，完全不需要動腦筋思考。

◆讀冊讀對尻脊骿去

說人讀書讀到背後去了，表示讀過的書沒有記在腦子裡，用來諷刺人書都白讀了，因為讀了書還是不懂道理，或根本派不上用場。

◆去蘇州賣鴨卵

原為「去塗州賣鴨卵」，塗州即地府之意，意思是此人已經去世。因為拜亡者的腳尾飯中有一粒鴨卵，後來變音做「去蘇州賣鴨卵」。

◆青暝吃圓仔

瞎子雖然看不見，但是吃湯圓的時候仍然會數有幾顆，形容心裡有數。

◆青暝仔娶某

瞎子娶了美嬌娘做老婆，老婆外貌再美也看不見，暗爽。

◆**乞丐背葫蘆**

乞丐背著葫蘆，假裝自己是仙人高僧，指假仙。

◆**墓仔埔放炮**

到墳墓去放鞭炮，意指驚死人。

◆**戲棚頂的皇帝**

演戲當皇帝雖然很威風，一旦戲落幕之後，馬上回到現實，做無久。

◆**蚊仔叮牛角**

牛的角沒有血管，蚊子叮了也吸不到血，指無採工。

◆**日頭赤炎炎，隨人顧生命**

太陽很公平的照耀著每個人，自己只能顧好自己，無暇管人閒事。

◆**媳婦哭禮數，女兒哭腹肚**

公婆去世家裡一片哭聲，做人媳婦的礙於眾人眼光也要嚎啕大哭，但是女兒的哭嚎，才是真心為父母去世傷心。

◆**輸人毋輸陣，輸陣就歹看面**

形容人要面子，輸了面子在外就丟臉了。

◆**嚴官府出厚賊，嚴父母出阿里不達**

嚴格的官府、律法，阻擋不了做賊人的心；嚴格的父母管教，也不一定會教出優秀的孩子，形容物極必反。

76

台灣俚語 2

◆ **偷掠雞，也著了一把米**

偷雞也得要一把米當作餌，形容做事必有需付出的代價。

◆ **家己種一叢，恰贏看別人**

自己種一株花草，比光看別人、羨慕別人的來得好。即十鳥在林，不如一鳥在手之意。

◆ **樹頭顧乎在，不怕樹尾做風颱**

樹根牢固，就不怕颱風來時把樹吹倒，比喻要顧根本。

◆ **做到流汗，被嫌到流涎**

盡心盡力做事，卻被別人嫌東嫌西，意指自己的付出非常不值得。

◆ **火燒姑寮全無望，擔沙填海了憨工**

重要的房子被一把火燒了，以沙填海當然不可能填得滿，指白做工。

◆ **寵豬舉灶，寵子不孝**

寵愛豬要不斷煮飯給豬吃，累到自己；溺愛孩子會使小孩不懂父母心，反而不孝順父母。

◆**有樣看樣，沒樣家己想**

看著別人的行為從中學習，沒有榜樣的話就自己想像、靠自己。

◆**時到時擔當，沒米煮蕃薯湯**

到時候再來想辦法，船到橋頭自然直。

◆**你看我普普，我看你霧霧**

你看我普普通通，我還認為你沒什麼了不起呢。

◆**一個滲屎的換一個洩屎的**

將一個有缺點的人，換成有另一個缺點的人，形容換人做並沒有比較好。

◆**一暝全步數，天光無半步**

半夜裡想法一堆，白天時卻什麼也做不出來，形容人光說不練。

◆**未仙假仙，牛卵假鹿鞭**

以為自己很行，將低級的牛卵當作高價的鹿鞭，奧梨子假蘋果。

◆**欠債怨債主，不孝怨老母**

欠人錢財卻怨債主逼人還錢，自己不孝順卻怨父母沒栽培，都是別人的錯，不知自我反省。

◆**包領你入房，沒保領你一世人**

師父引進門，修行在各人，指要靠自己。

◆**有子有子命，無子天註定**

有的人家有小孩，有的人家無子嗣，都是天註定的，無法強求。

◆**有食吃有走氣，有燒香就有保庇**

有吃飯就能走遠路，有燒香拜佛神佛就會保佑，指做人做事要實在。

◆**扛轎的不扛轎，煩惱新娘無放尿**

比喻多管閒事。

◆**老罔老，半暝後**

雖然上了年紀，半夜房事還是使得上勁，指老當益壯。

◆ **自己做醫生，屁股爛一邊**

自己是醫生卻疏於養生，不照顧自己的健康。

◆ **娶某沒閒一天，娶細姨沒閒一世人**

娶老婆最忙的就是迎娶的那一天，而娶小老婆，卻得一輩子忙於維繫家庭和諧。

◆ **一年一年老，愈老愈緣投**

形容男人上了年紀越陳越香，散發成熟氣息。

◆ **人牽不走，鬼牽叩叩走**

不聽取好人的意見，卻採納壞人的意見，是非好壞不分。

77 常用台語名詞

◆**漚步**：àu-pōo

意思：卑劣的伎倆、手段。

造句：比賽就愛靠實力，毋通出漚步。（比賽要靠實力，不要耍手段。）

◆**撇步**：phiat-pōo

意思：好方法、捷徑。

造句：高麗菜若欲脆，其實有撇步。（高麗菜如果要脆，其實有好方法。）

◆**擋頭**：tòng-thâu

意思：耐力。可以忍受的程度。

造句：咱來比看覓，啥人上有擋頭。（我們來比賽，誰最有耐力。）

◆**日頭**：jit/lit-thâu

意思：太陽。

造句：北部人足數念出日頭的日子。（北部人很想念出太陽的日子。）

◆**盼仔**：phàn-á

意思：笨蛋、傻瓜。指不夠精明，不通人情世故，容易被騙的人。

造句：拍折了後顛倒較貴，盼仔才會去買。（打折後反而更貴，笨蛋才會去買。）

◆ **槌仔**：thuî-á

意思1：敲擊器物的工具。

意思2：罵人笨。（同義詞：盼仔 phàn-á）

◆ **垃圾**：lah-sap

意思：汙穢，不乾淨。

造句：垃圾話 lah-sap-uē 髒話。

造句：垃圾鬼 lah-sap-kuí 罵人骯髒或下流的用語。

78 常用台語動詞

◆**勞力**：lóo-la̍t
意思：謝謝，感謝別人的話。
例句：這件代誌予你加真麻煩，勞力喔！（這件事讓你添麻煩了，謝謝你喔！）

◆**釘孤枝**：tìng-koo-ki
意思：單挑、一對一。
例句：我欲佮伊釘孤枝。（我要跟他單挑。）

◆**煏空**：piak-khang
意思：事情敗露，東窗事發。
例句：伊講的白賊話煏空矣。（他說的謊話敗露了。）

◆**無彩**：bô-tshái
意思：可惜、枉然、浪費。
例句：物件無食完，真無彩。（東西沒吃完，真浪費。）

◆**霧剎剎**：bū-sà-sà

意思：矇矓模糊的樣子，比喻一頭霧水。

例句：這領衫的頭前後壁正面倒面欲倚欲倚，共我舞甲霧剎剎。（這件衣服的前後正反面太過相似，搞得我一頭霧水。）

◆**拍噗仔**：phah-phok-á

意思：鼓掌、拍手。

例句：伊的演說，感動甲逐家攏徛起來拍噗仔。（他的演說，感動到大家都起立鼓掌。）

◆**咇咇掣**：phih-phih-tshuah

意思：因恐懼或寒冷而身體發抖。

例句：今仔日有夠寒，寒甲我一直咇咇掣。（今天好冷，冷到我一直發抖。）

◆**拋拋走**：pha-pha-tsáu

意思：四處亂跑。

例句：你一工到暗拋拋走，足歹揣的。（你一天到晚四處亂跑，很難找人。）

◆**臭彈**：tshàu-tuānn

意思：吹牛、胡扯。

例句：這件代誌根本就是伊咧臭彈。（這件事根本就是他在胡扯。）

◆**囂俳**：hiau-pai

意思：囂張。形容人的行為舉止放肆傲慢。

同義詞：囂俳、風神、臭煬、聳鬚。

◆**慼心**：tsheh-sim

意思：死心，傷心絕望，心灰意冷。

◆**撼**：hàm

意思：用重物猛擊或砸。

例：攑槌仔共伊撼落去。（拿槌子敲下去。）

◆**揍**：bok

意思：擊打、撞、揍，以拳頭用力打人。

第八章

有趣的台灣流行文化

INTERESTING TAIWANESE POP CULTURE

79

電視頻道有夠多

台灣在電視台僅有三台的時代，台視、中視、華視被稱為老三台，因此三台之外的電視頻道習慣被稱為「第四台」。而且早期三台的電視節目不是二十四小時播出，只有中午播出二小時，以及傍晚六點開播後再播出到午夜十二點。當時的人們肯定很難想像，三十年後的台灣的電視頻道，竟然會有上百個這麼多，每個月只要花六百元新台幣，什麼樣的節目都有，二十四小時不斷放送！

在台灣，電視轉來轉去，無線電視台、衛星電視台、有線電視台，上百個頻道供你選擇：有綜藝台、新聞台、原住民台、客家台、電影台、戲劇台、洋片台、兒童幼幼台、體育台、音樂台、購物台、佛教弘法台、基督教佈教節目等，玲瑯滿目讓你眼花撩亂。

從大眾節目到小眾的主題，從流行音樂到古典音樂，而且很國際化，什麼語言都有。有客語台、台語台、原住民台；外語則有日本NHK、韓國tvN、美國CNN、英國BBC、中國的中央電視台、半島電視台、法語TV5Monde等。可以聽到世界主要的語言：中文、英語、日語、韓語、德語、俄語等，跟其他國家相比，台灣可收看的電視頻道實在有夠多！

很難想像台灣不是聯合國的成員國之一，電視節目卻能涵蓋這麼多種語言。所以在台灣學外語其實非常方便，多看一點電視就好了！另外，從這麼多的外語原音放送的電視節目來看，說台灣人沒有國際觀也是大錯特錯，批評的人一定不看電視。

台灣電視頻道太多其實也是個問題。電視頻道一多，廣告收益就少，導致節目製作成本降低，節目製作的品質差，造成收視率低落，陷入不斷地惡性循環。所以，長年以來，節目就不斷地重播再重播，彷彿把視聽者當成傻瓜。許多台灣人也跟我一樣，三十年來持續地看著周星馳，因為他的電影每一部都不停地在電視上輪播；日劇、韓劇、華劇，甚至連綜藝節目也是一樣，無限循環地「重播」！

以日本來說，電視業界沒有頻道太多的問題。比如說在東京，除了國營媒體NHK之外，只有五家電視台：朝日電視台、日本電視台、TBS電視台、富士電視台和東京電視台。背後都是新聞社（報社）的資本在支撐。因為頻道少，所以收視率都還不錯，電視廣告的價值就高，很多商品一在電視上被介紹，往往店舖就大排長龍、業績爆衝。正因為電視觸及率高，廣告收益也就多，薪水也高；收視率高了，就能花更多經費製作好節目。

常常聽人家說，台灣現在電視大環境不好，節目不好做，廣告也不好賣，而製作成本低正是導致台灣電視節目難看的原因之一！一般來說，台灣電視劇平均一集六十分鐘的製作費落在四十萬到二百多萬中間不等，對照大陸劇平均每集都在二百萬起跳、韓劇平均二九〇萬起跳、熱門的上看一五〇〇萬、日本平均一五〇〇萬，都是非常常見的價碼。另外在綜藝節目，以韓國《Running Man》為例，擁有大型後製團隊，一集製作費平均高達二五〇萬台幣的費用，與台灣不到三十萬相比，台灣的節目怎麼會好看。

消費者每月支出六百元在有線電視，就可以看上百個頻道，對電視台而言，購買海外版權節目相較於自製而言，省時間、低風險，重點是成本低。但是外購節目比率高，使得用戶一週內看見的外來節目比例竟然高達五〇%！台灣自一九九三年有線電視合法後，許多集團為了搶佔市場，紛紛創建家族頻道，一時之間境外頻道與本國頻道大幅增加，在惡性競爭下，無怪乎台灣業者只能以廉價節目和不斷地重播，視聽者也就只能繼續當傻瓜了。

80 無限循環的周星馳

許多台灣人跟我一樣，三十年持續的看著周星馳，因為他的電影每一部都不停地在電視上輪播，已經不知道看過幾遍了！每天可以看到星爺不說，甚至同時間打對台的狀況也不少：「得罪了方丈還想走！」「你快點回火星吧，地球是很危險的！」「人沒有了夢想，那和鹹魚還有什麼區別？」跟我一樣看到都會背，對台詞倒背如流的人，想必不少！

有趣的是，雖然都不知道看過幾遍了，但還是一看再看、哈哈大笑的人大有人在。有研究指出，因為周星馳的電影讓人放鬆、不用動腦，因此台詞就在潛移默化下被大家牢記。重點是，星爺的電影台詞句句經典，讓人不由得佩服！

據統計，周星馳的「唐伯虎點秋香」，在台灣是重播次數最高的電影，人氣依然高，大家都很愛看。經典台詞有：「世人笑我太瘋癲，我笑他人看不穿！」「小強，你不能死啊，小強！」光是回想起那無厘頭的台詞，就足以讓人笑出口。

《食神》則是另一部星爺的神作，裡頭如「撒尿牛丸」、「黯然銷魂飯」等獨創料理讓人拍案叫絕，加上反轉再反轉、無厘頭的情節，重播多次還在看的人很多！「只要有心，人人都是食神！」「全都是幻覺！嚇不倒我滴！」「好折凳！折凳的奧妙之處，在於可以藏在民居之中，隨手可得，還可以坐著它來隱藏殺機，就算被警察抓了也告不了你，真不愧為七種武器之首！呵呵！」

《少林足球》是周星馳和吳孟達二人聯手演出的最後一部電影，二人合作的喜劇，每一部都是經典。電影裡也顯示出星爺的人生態度，在追逐夢想的道路上，雖然痛苦與挫折不斷，也不是靠一個人就能達成，但只要懷抱信念、勇往直前，終有成功之日：「我心中的一團火是不會熄的！」

香港電影票房自九〇年代起每況愈下，「少林足球」的電影票房，創造了香港史上最高的票房紀錄，高達六千萬港元。二〇〇四年的「功夫」，再度打破「少林足球」的票房紀錄。周星馳更以此片獲得第四十二屆金馬獎最佳導演、最佳劇情片等殊榮，並且入圍第六十三屆金球獎最佳外語片。

周星馳（Stephen Chow，一九六二年六月二二日），綽號「星爺」，出生於香港，是香港影壇的喜劇巨星。其獨特的無厘頭演出方式，深受海內外觀眾歡迎。一九九〇年代起，周星馳所主演的電影作品多次創下香港票房紀錄，被媒體譽為華語界的喜劇之王（King of Comedy）。

周星馳早年的演藝生涯並不順遂，一九九〇年，《賭神》引發賭博題材的電影風潮，周星馳和吳孟達獲邀演出《賭聖》一片，票房竟出乎意料的高，首破香港票房紀錄，周星馳憑著這部電影奠定了喜劇巨星的地位。一九九一年的《逃學威龍》，票房突破四千萬港幣，第二次打破香港華語片票房紀錄。

周星馳早期演出的電影，多為市井小民角色，無厘頭式的幽默，在劇中創造了許多經典的對白，深獲觀眾喜愛，讓「周星馳」、「星爺」成為「喜劇」的代名詞。二〇〇三年第五期《時代》雜誌更稱他為「香港的卓別林」！他讓喜劇片成為香港電影的第二個主流，一提起港產片，許多人就會想到動作片與喜劇。

81

政論節目出名嘴

許多陸客來到台灣，夜間最愛看的電視節目，就是無所不談、紅遍台灣的「政論節目」。名嘴們的砲轟總統、大罵政府、發言辛辣、提問尖銳，讓他們大呼過癮！而這些名嘴，之所以一上節目毫無顧忌地無所不談，似乎也是受到高價的通告費所吸引。「中華民國剪輯協會」曾公布政論名嘴的通告價目表，通告費通常都是一集三千元起跳，讓人不禁感嘆，難怪這麼多人以名嘴為業。

「中華民國剪輯協會」前幾年在網上提供了台灣名嘴身價，以價格來說，可以將名嘴分成三個等級，主要有每小時三千元台幣以下的C級、三千到八千台幣間的B級，還有八千台幣以上的A級。對名嘴來說，每小時上萬是非常誘人的價碼，曾經有節目價碼開到一集一萬，加上收視率高，讓許多名嘴想盡辦法想擠進去。

其實，名嘴台前看似風光，上節目動動嘴皮子就有錢賺，但實際上不然。節目開演前幾小時，名嘴就得到場，依製作單位準備的資料，開始背稿排練，像是個演員一般；脫稿還會被訓斥；還得跟得上主持人的節奏。即使名嘴不好當，但還是有不少名嘴搶著上節目。

台灣政論節目競爭激烈，名嘴們想盡辦法要突顯自己，因此變得言詞犀利、肢體誇張。近年來，從政治圈乃至素人跨界當名嘴的甚多，媒體也多方想找些新面孔來刺激收視。隨著時代的演變，台灣知名的政論節目也出現不少變動，從早期偏重於政治、選舉，到現今題材的多元化，有理財投資、股市分析、人物訪談等，轉變成了無所不聊的談論性節目。

政論節目的來賓各有想法，主持人能否協調他們發言就顯得非常重要，有些主持人反應快，在聽完眾人七嘴八舌後，能立刻統整結論，有的則是機智幽默，讓節目能順利進行下去。台灣的政論節目，也出了不少這樣的主持人，比如李濤、鄭弘儀等，而他們也都成為家喻戶曉的名人。

長期位居高收視率，《關鍵時刻》算是長壽的談論性節目之一。「來，寶傑我跟你說！」來賓的發言甚至成為經典名言，節目內容也常常是民眾聊天的話題之一。不少人認爲，「寶傑」的節目內容不限於政治，甚至有科技、人文、歷史、外星人等超自然題材。台灣網友曾稱他：「從黃帝講到光緒，從外太空講到內子宮。」「寶傑」的無所不談，成為該節目的特色。

無所不聊的談話性節目主持人，除了金童「寶傑」之外，還有一位玉女「阿娟」陳斐娟，她聊的話題包括理財投資、股市分析、報明牌，涵蓋天南地北、古今中外，也是號稱從外太空聊到內子宮的名嘴節目，近年來佔據晚間的黃金時段，成為紅透半邊天的主持人。

「政治，是眾人之事！」以政治為主題的政論節目，受到社會關注，讓大家可以暢所欲言，這固然不錯，不過，總是談論政治的「政論節目」，在紅了好幾年之後，讓民眾開始感覺疲乏，往往想要轉台。近年來台灣的政論節目，漸漸轉變性質，變成了無話不聊的「談論性節目」或「脫口秀」，畢竟，社會上還有很多的事發生啊！你說是嗎？

82

電視購物很會賣

現在是網路時代，各種線上購物平台，方便到手機一鍵就能搞定，價格又便宜，還不用打電話，您是否曾經感到疑惑：「傳統第四台的購物頻道怎麼都還在，這些頻道都是誰在看？大家有看電視買東西的經驗嗎？」其實，台灣的電視購物紅得不得了，主持人、來賓也越來越大咖，每檔商品的推出都堪稱一場表演秀！不僅婆婆媽媽、家庭主婦們很愛，尤其在COVID-19期間，人們不能出門購物，在台灣除了網路商場業績大好以外，電視購物的銷售也是一飛衝天，廠商股票更是大漲數倍！

對於忙碌的現代人來說，在家打一通電話，想買的商品就會快遞到府，還可以有七天以上的鑑賞期，的確是相當方便。電視一向是強力的媒體，具有聲光娛樂效果，是非常有效的銷售管道。在台灣，俗稱的購物頻道，如東森購物台、MOMO購物台、ViVa TV等，是指該頻道內容完全在銷售商品，有別於一般的電視節目，正確用語應為「廣告專用頻道」。這些電視銷售主持人口才一流、能言善道，搭配業務人員的跟進，怪不得業績能持續長紅。

一九九九年十二月二十一日東森購物台正式開播，首創了台灣電視物

Live直播的型態。老實說，當初有一半的人都不看好這個市場，但這個龍頭品牌在第五年締造了年營業額二八〇億的輝煌戰績！之後，二〇〇五年一月富邦集團與韓國WOORi合資的momo購物也開播，中信集團則是成立ViVa TV。而因為電視購物與網路購物的模式有延伸關係，以目前電視購物三雄來說，也都另闢網路戰場：ET Mall東森購物網路商城、Momo富邦購物網、ViVa TV電視購物頻道。

電視購物頻道在台灣紅起來後，由於需要如同表演般的介紹商品，要口語流暢又要營造氣氛。不僅主持人個個都是俊男美女，也吸引了不少演藝人員投入，如任潔玲、馬妞等，更造就了不少電視銷售天王，如利菁、斯容、何羽等。銷售的商品也包山包海，從女性內衣、機能外套、保養品、鍋碗瓢盆等婆媽最愛之外，到男性壯陽藥品、台灣高山茶、旅行行李箱、古董花瓶等，可以說是什麼都賣，什麼都不奇怪！

「電視購物」源起於一九八二年HSN（Home Shopping Network），全世界第一家電視購物公司在美國佛羅里達州誕生，隨即風靡全美，銷售額扶搖直上，被稱作「銷售業的第三次革命」，與網路購物並列為「現代家庭購物新方式」。

然而，根據消基會的一份滿意度調查結果顯示，有五九％的消費者表示曾經遇到不愉快的經驗；其中三八％的消費者遇到「收到商品後發現與節目廣告不符」為最多；而二〇％則是「買到瑕疵品」；更有民眾想要退貨時，遭到刁難只好自認倒楣。因此，當您在「購物專家」的聲聲的催促下，要冷靜思考，仔細確認自己的需求和商品的規格，不要一時衝動就打電話。不然，家中又要多了個用不到又佔空間的物品，或是被退貨手續氣到七竅生煙了！

83

試吃只要一元的小販騙局

炎炎夏日就該吃冰，如果店家祭出「一元冰棒」更是難抵誘惑。以下是我個人的親身經驗。日前去菜市場時，忽然看見前方聚集著一大群人，走上前才看見大家都在試吃「每支一元」的冰棒。面對五顏六色的冰棒，個人隨手就抓了六包五支裝的冰棒，共計三十支，順勢拿了三十元準備結帳。

當時還心想，這家店的老闆實在太佛心，接著便拿了三十塊銅板給老闆娘。豈料結帳時，對方竟要向我收取三百元，這才驚覺受騙！原來每支一元是指「試吃」只要一元！

後來上網一查，這樣的銷售手法，二〇一〇年開始就在全台各傳統市場出現過，《蘋果》過去報導「一〇元冰棒寫一元，老闆不退錢」、「一元冰棒行騙，刺青男結帳收一〇元」、「一枝一元變一〇元，冰棒老闆：賣一元你敢吃嗎？」這些攤販全部都是掛著「一元冰棒」的招牌廣告，吸引民眾上前試吃，結帳時老闆才說一支一〇元，引起糾紛後才強調是「試吃一元」。

日前《蘋果》採訪攤商老闆時，老闆表示，一枝冰成本價就要八元，這本來就是一種行銷手法，寫一元才會有人上門光顧，還說「我真的賣你一元，這種冰你敢吃嗎？」攤商強調，目前全台灣有八十多攤類似的冰店，老闆都會說清楚價格，客人不願意買也不勉強。

這些不肖攤商做生意的手法令人不敢恭維，有人明確問了店家三次一枝多少錢，對方都指著「每枝一塊」的招牌叫他自己看，且一次最少要買二十枝冰。結帳時，卻被告知一枝一〇元，雖然不是很貴，讓人感覺就是惡意騙人。

類似銷售手法從多年前就屢見不鮮，基隆、瑞芳都曾出現枝仔冰攤商，老闆受訪時還解釋：「一塊錢的冰棒，連水溝水都做不出來，你敢吃嗎？」有人認為，這種東西本來就是願打願挨，他就是要抓貪小便宜的人，去買的就上當了。

事實上，類似的事件已經不是第一次發生，曾有報導說，有民眾看到招牌寫「產地直銷保證甜！只要二十九元」，結帳才發現看板的右上角竟藏著超小的「半斤」。由於相關情形過於氾濫，因此消保官曾表示，業者應充分揭露產地、價格、計價單位等消費資訊，「不得有誤導、隱匿或欺罔之行為」，若經勸導仍未改善，則可能遭到開罰。

84

有鐵窗的房子

在台灣，舉凡屋齡超過二十年的房子，多半裝有鐵窗，鐵窗已成為台灣的特色，路上處處可見的鐵窗房屋。許多人認為，這些原意在防盜、保全的鐵窗，是台灣市容醜陋的原因之一。

但是，在外國人的眼中，「鐵窗房屋」卻形成台灣獨特的元素，曾參與電影《追殺比爾》的日本知名美術指導種田陽平，於二〇〇六年參與台灣電影《詭絲》拍攝時，決定以「鐵窗」作為主要元素之一，因為鐵窗的精緻花紋，除了裝飾性效果，也反映了台灣的都市印象。

台灣都市高樓大廈林立，往陽台外一看，常會看到一整排各式各樣的鐵鋁窗，幾乎成為建築的標準配備，台灣的鐵窗文化已經被視為常態，許多人家裡不裝反而覺得不安。住低樓層的人怕遭小偷，因此加裝鐵窗，而小偷就轉去偷沒裝鐵窗的住戶，造成家家戶戶都裝鐵窗。或許可能是心理因素，就連高樓層也認為加裝鐵窗比較保險。

有人認為鐵窗還是有實際作用，鐵窗上可以擺放盆栽，能防止小孩跌下去，也可以防止物品從高空掉落。但是最令人詬病的，恐怕是火災發生時，有了鐵窗的阻隔，增加了逃生與救援難度。

放諸四海，其實外國房屋的鐵窗很少，治安好的區域通常都設有保全系統，只要有宵小闖入就會警鈴大作，因此對於鐵窗的需求較低，就連在森林中的房子都不裝鐵窗。另外，鐵窗不是原本的建築設計，加裝上去讓建築物變醜，也是主要原因之一。

身為台灣人，我們很難爭辯這一點，但其實鐵窗並不從一開始就是這樣的。它們曾經看起來不但沒有影響美觀，反而更增添趣味性，在街道兩旁爭奇鬥艷，每個都是獨特的風景。

一九六〇年台灣經濟起飛，當時許多人家會在鐵窗上設計特別的圖案，也表現出生活態度和品味，十分講究建築元素。當時以黑鐵為材料製作出的「鐵窗花」，有著獨特的圖案，除了具備保全、防盜的功能，也讓房子有了豐富的表情，算是一種獨特的「台灣美學」。之後，機器製造的不鏽鋼鐵窗興起，才漸漸取代手工鐵窗花。

85

「秀場天王」豬哥亮

豬哥亮本名謝新達，一九四六年出生於台灣高雄。他擅長搞笑、開黃腔，當時《豬哥亮歌廳秀》是台灣家喻戶曉的節目。豬哥亮招牌的「馬桶蓋」髮型，加上粗曠而不粗俗、草根性強烈、充滿本土特色的主持風格，形成了無可取代的豬式幽默，透過秀場表演和錄影帶傳播，有「秀場天王」的稱號！成為幾代台灣人的共同記憶！在一九八〇年代，「豬哥亮」在秀場上曾與張菲、邢峰齊名，並稱「南豬、北張、中邢峰」。

豬哥亮以台語主持節目，擅長演出短劇或反串，他的表演時常夾雜粗口，或是對女明星講性暗示的玩笑話，遊走在尺度邊緣，也會以台灣國語當作笑料，這種獨特的主持風格，讓他在當時以國語為「高尚」、「正統」的時代中突出，成為秀場南霸天！

「豬哥亮」這個名字，可能有的朋友會以為是取三國諸葛亮的諧音。其實，豬哥這個詞在閩南語裡面，是鹹濕、好色的意思。他主持風格親民、讓觀眾跟他沒有距離感。雖然有爭議、也被批評過主持風格太過低俗，但他絕對是台灣無可取代的綜藝瑰寶，在中南部老一輩人的心中，他更是娛樂圈上最令人喜愛的巨星。

他憑著秀場主持收入豐厚，但因為沉迷賭博大家樂，在八〇年代末於秀場遭黑道槍擊，更因積欠大筆債務而銷聲匿跡，「出國深造」長達十多年。很少人能夠像豬哥亮一樣，經歷了人生的大起大落，又再東山再起的。落魄的時候，他一躲就是十年，直到偶然被記者發現，在社會上形成轟動，才再度燃起他復出的決心。

復出演藝界之後，豬哥亮主持的第一個綜藝節目為民視《豬哥會社》，收視率曾衝破一〇%；二〇一〇年拿下第四十五屆金鐘獎「綜藝節目主持人獎」。主持《豬哥會社》一集酬勞為新臺幣三十萬元、《萬秀豬王》七十萬元，《華視天王豬哥秀》的八十五萬元，更創下台灣主持界最高紀錄！

自二〇一一年起，豬哥亮演出的六部新春賀歲電影，其中有五部票房破億元新台幣，堪稱賀歲片票房保證。不管是《雞排英雄》、《大尾鱸鰻》系列、《大稻埕》、《大囍臨門》等，展現出的豬氏幽默，總是能引起哄堂大笑。

但他的風格也遭到批評，他主演的電影《大尾鱸鰻2》中有開原住民玩笑的劇情，被原住民立法委員認為是歧視原住民文化，要求電影公司道歉。在其他電影中，也有用台語及女性生殖器官為笑點，遭批評品味低俗。豬哥亮主持《萬秀豬王》期間，因為說出「我要含睡」等內容違反電視分級制度，遭國家通訊傳播委員會處以罰金。

二〇一七年三月，因大腸癌末期住進臺大醫院。同年五月十五日清晨，豬哥亮因癌症引發肝衰竭，睡夢中逝世，五時八分確認病逝，享壽七十歲。

86

計程車叫小黃

Taxi 在台灣稱為「計程車」，車頂置「TAXI」或「出租汽車」燈箱，計程車的車身從一九九〇年代起一律漆為黃色，因此俗稱「小黃」。在中國大陸的名稱是「出租車」；上海滬語根據英文「charter」音譯的「差頭」；在港澳普遍使用「的士」，這一稱呼由英文「taxi」粵語音譯而成，亦用於馬來西亞；新加坡則根據英文「taxi」的閩語音譯成「德士」。

根據調查報告，台北市的計程車駕駛，平均一個月工作二十七至二十八天，每天工作時數約十個小時，空車時間約佔三．五個小時，平均每天載客十五趟，里程為一五四公里，平均每天駕駛人營收二千五百元。車型方面以豐田 Corolla Altis、豐田 Wish 佔最多，近年來不少可供使用輪椅乘客搭乘的福斯 Caddy 和福特旅行家（Tourneo Custom）等車款引進做為計程車。

以往由於惡劣的用路習慣，台灣的計程車司機長期以來為人所詬病，交通違規的情況很多。近幾年來有企業以經營品牌的模式，整合行銷計程車車隊，以專業素質與服務形象服務乘客，像台灣大車隊、大都會計程車、合作大車隊等，或是以手機 app 叫車服務，品質提升不少。

目前，許多計程車已經可以使用信用卡付費；在大台北地區，部分計程車有使用悠遊卡付費功能，而在大高雄地區部分計程車可使用一卡通付費功能。

台灣的「司機」，一般被稱為「運匠」，台灣人使用「運匠」一詞，起自日據時代。當時，台灣開始引進汽車，如轎車稱為「黑頭仔」（當時轎車大多是黑色），卡車稱為「拖拉庫」（Truck，日本的外來語）。司機的日語是「運轉手」，以前曾有一部電影名稱為《運轉手之戀》，還請來日本女星宮澤理惠主演，講的就是計程車司機的故事。「運轉手桑」則是日本人的禮貌用法。經過演變，台灣人漸漸習慣將司機稱為「運將」。

超大杯

87

檢舉達人

隨著智慧型手機愈來愈普及，民眾檢舉的交通違規案件也不斷增加，就連警察不易稽查取締的「動態違規」，在「檢舉達人」的鷹眼下，仍難逃被舉報！比如變換車道未打方向燈，曾有檢舉達人在五分鐘內，就檢舉了九次的違規紀錄。民眾的檢舉行為，或許彌補了警力不足的缺失，但過於頻繁地舉報，使得很多被檢舉人收到罰單之後，對這樣的「檢舉達人」恨得牙癢癢的！

有些「檢舉達人」不只是用手機、相機蒐證，更利用行車記錄器，開車途中就一路記錄下來，回家還在電腦上截圖，之後提供給警方。這些行為，有一大部分是為了政府提供的獎金，如檢舉亂丟垃圾、菸蒂、亂吐檳榔汁（渣）、環境污染及車輛排氣等；交通違規部分其實沒有獎金，通常是看到其他人違規，心生不滿因而檢舉。

一般來說，例如違規停車，這種屬於明顯的「靜態違規」事項，民眾申訴成功比例很低；而「動態違規」，包括未戴安全帽、開車時手持行動電話、點燃香菸駕駛、違規超車、車輛不禮讓行人、闖紅燈、並排停車、蛇行、逼車、無故突然煞車等，這種短時間的違規，就是「檢舉達人」最擅長的檢舉項目！

近年來，台灣各地檢舉達人的人數及檢舉案件數量，均有相當的成長。警政署的資料顯示，民眾檢舉交通違規案件數，從二〇〇五年的一五三萬多件，一路增加到二〇二一年的五九八萬多件，光是檢舉量就增加了四倍之多，其中成功舉發的有四四〇萬件，占了全國警察機關舉發總件數的三分之一，光是紅黃線違規停車就占了二三〇萬件，比例近六成。

以台北市而言，民眾檢舉約占四成，二〇〇九年警方取締六十四萬多件，民眾檢舉五〇萬多件，占四三%；二〇一〇年警方取締五十八萬多件，民眾檢舉四十一萬件，占四一%。所以，若沒有檢舉達人的檢舉，台北市馬路違停案件每年恐多出四十至五十萬件。而其他地區的檢舉案件也有明顯增加，比如高雄市博愛路的違規停車取締案，近幾年成長十倍，但經「檢舉達人的努力」後，紅磚道上違停情況確實明顯改善。

不過，近來檢舉案爆量，有些案件被發現具有特定性，像是跟拍、惡意報復等，濫用民眾檢舉的美意，變成了「檢舉魔人」！這是招致民眾反感的主因。因此，時常發生駕駛人攔下機車騎士質問，或是試圖搶奪騎士行車紀錄器的事件發生。

其實，交通違規檢舉，每一件都需要花費時間查證、審核，已經讓基層員警工作繁忙，過多的檢舉案件不但引起諸多民怨，也讓警力不堪負荷。交通部也正式宣布，仍然開放民眾檢舉，但檢舉項目會有原則性規範，採取正面表列項目。分為兩大類，一是「動態違規」，也就是對交通安全危害性較高，且警察不易實施稽查取締的違規項目，總計四十一項；「靜態違規」項目則有五項，主要限於在路口、行人穿越道、人行道等，嚴重影響交通安全與秩序的違規停車。

交通部表示，二〇二二年四月三〇日起，紅黃線臨停也不再受理民眾檢舉，「檢舉魔人」對此也無用武之地了。

88

老司機是哪位？

最初，「老司機」是指在各網站、論壇混的時間比較長，熟悉各種規則、內容、技術、玩法，掌握一定資源且願意分享的資深網友，事實上，老司機並不是特定一人，甚至可以說，你我都能是老司機！「老司機」其實就是指在某些方面熟門熟路，資歷較老、見識廣、經驗足的人，通常這個詞伴隨着驚嘆與崇敬之意。

老司機有老江湖的意味，但現在都是在謎片粉絲團會看到這句話，因為不少人會分享一些版權物、謎片等內容，而網站湧入太多人後就會當掉。這時網友只好大喊「跪求老司機！」「老司機讓我上車啊！」「老司機帶帶我」等等。所以現在多指「有能力提供大量色情片」的人。

據網友考究，老司機一詞源自於大陸，是來自雲南的一首古怪山歌《老司機帶帶我》，雖然是很老的影片，但歌詞實在太邪門又爆笑，隨著網路影音多媒體發達後，網友瘋狂的流傳而爆紅。在那之後，老司機一詞才開始慢慢傳開，只要是很厲害的人事物，底下網友都會說「樓上老司機！」

《老司機帶帶我》其歌詞如下：

奇怪奇怪真奇怪，汽車就比火車快
大頭車麼不好做，堵張奔馳解解悶
哎呀小妹座客車走啦
老司機帶帶我，我要上昆明啊
老司機帶帶我，我要進省城

要上昆明車子多，半路短我為什麼
老司機聽我說，我會唱山歌啊
老司機聽我說，小妹嘴皮薄啊
管你嘴皮薄不薄，我呢老婆等著我
啊咧咧～啊咧咧～啊咧啊咧咧～～啊咧咧～啊咧咧～啊咧啊咧咧

老司機你瞧瞧，小妹多好色啊
老司機你看看，小妹生的白啊
管你兩個白不白，大哥不管往死白
啊咧咧～啊咧咧～啊咧啊咧咧～～

老司機你望望，小妹怎麼樣啊
老司機你望望，小妹胖不胖啊
管你兩個胖不胖，與你大哥不相長
啊咧咧～啊咧咧～啊咧啊咧咧～～啊咧咧～啊咧咧～啊咧啊咧咧

老司機身體差，不會採野花
老司機身體差，不會放野馬
小哥從來不貪花，家有老婆和娃娃
啊咧咧～啊咧咧～啊咧啊咧咧～～

老司機要記住，小妹會跳舞啊
老司機大老粗，我會施展舞啊
我們陪你唱山歌，你呢車子給我坐
你想想你看看，哪個劃得著
啊咧咧～啊咧咧～啊咧啊咧咧

小妹子聽我說，我又愛玩樂
小妹子聽我說，人品也不錯哦
我的車子給你坐，你們陪我唱山歌
我想想我算算，我也劃得著

老司機真善良，我喜同唱啊
小妹子陪你逛，城市好風光
萬里城市好漂亮，順市過城瞧四方
啊咧咧～啊咧咧～啊咧啊咧咧～～啊咧咧～啊咧咧～啊咧啊咧咧

有些人聽完這首歌，覺得歌詞有些露骨，甚至有些粗俗。後來「老司機」便在網上蔓延開了。簡單來說，老司機有這麼幾個特點：一是在某方面有特長，二是樂於分享和指導新人。本質上講，這是資源和知識的免費共享。因此，我們其實都應該向老司機致敬。

89

鮭魚之亂

二〇二一年三月，知名迴轉壽司業者「壽司郎」在台灣推出促銷活動，只要名字中有「鮭魚」二字，就能享有免費優惠。但竟然引發全台上百人湧入戶政事務所改名，活動兩天總計吸引近千人次免費用餐，而這波「鮭魚改名潮」、「鮭魚之亂」也登上國際媒體版面，讓世界看見台灣了！

台灣掀起了「鮭魚之亂」(salmon chaos)，引爆年輕人的改名熱潮，日本、韓國、歐美等九國的主流媒體都報導台灣的改名鮭魚之亂，甚至德國遊戲問答節目，也用這事件來出題。日本大報《朝日新聞》，評論台灣人瘋美食，國民改名是為了吃免費「鮭魚」，還提到壽司店正在評估此次行銷效果與收益，未來不排除推出如「金槍魚」(即鮪魚)、「鰻魚」等行銷活動。

南韓大報《朝鮮日報》以標題「為了吃壽司，台灣超過一三五位國民改名」，評論台灣鮭魚之亂；《東亞日報》以「亂象台灣，超過一五〇位改名為『鮭魚』的『壽司免費』行銷」，紛紛跟進報導。南韓網友的言論，大多表示無法理解台灣「鮭魚」，紛紛提及「又不是北韓這些貧窮國家，台灣怎麼會這樣？」「為了吃一餐，而把自己的名字改掉…」「為了眼前的小小利益，真的過於短視近利了…」等，不認同此舉的人居多。

根據各縣市戶政事務所統計，在活動期間，把自己名字改名叫「鮭魚」的總共有三三一人。有人為了配合活動改名鮭魚，取了三十六個字，一度創下最長名字紀錄，網路也出現很多梗圖，如「視死如鮭」、「實至名鮭」、「無家可鮭」、「同鮭於盡」、「天下鮭心」、「沒有鮭矩」等。很多人問，到底是什麼樣的心態，讓這麼多人跑去戶政事務所，用掉一生只有三次的改名機會？難道真的這麼想吃到鮭魚嗎？

店家表示，原本料想此行銷活動，能吸引近十位「鮭魚」前來用餐，畢竟「陳鮭魚」、「王鮭魚」、「劉鮭魚」這種名字很少，沒想到這麼多人改名。據業者統計，兩天有近千人次改名「鮭魚」免費用餐，若以每桌五千元估算，可能要自行吸收五百萬的餐費。另外，有不少行銷專家認為，以成本三分之一來計算，業者負擔的成本並不高，花一點點鮭魚餐點行銷，就造成全國轟動，「話題聲量」創新高，廣告價值至少破千萬，算是成功的行銷。

根據「姓名條例」規定，改名以三次為限，且成年後才能做第二次更改。改名的原因，包含字義粗俗不雅、音譯過長或有「特殊原因」者。所謂的特殊原因，基本上只要提出理由即可。有人認為這次改名字是浪費兩次改名的機會，萬一以後想改名字就改不了了。可能發生要改名的狀況：父母第一次取名時就不雅、宗教命理因素、和通緝犯同名、要跑路躲債主等。是不是比想吃來得重要？就請讀者自行判斷了。

Orange Travel 16

台風全球擴散ing！台式潮流正式來襲！
——帶你用心品嚐最道地的台味，世界唯一的台灣

作者：林聞凱

作　　者　**林聞凱**
總 編 輯　**于筱芬　CAROL YU, Editor-in-Chief**
副總編輯　**謝穎昇　EASON HSIEH, Deputy Editor-in-Chief**
業務經理　**陳順龍　SHUNLONG CHEN, Sales Manager**
媒體行銷　**張佳懿　KAYLIN CHANG, Social Media Marketing**
美術設計　**楊雅屏　Yang Yaping**
製版／印刷／裝訂　**皇甫彩藝印刷股份有限公司**

編輯中心

橙實文化有限公司
ADD／桃園市大園區領航北路四段382-5號2樓
2F., No.382-5, Sec. 4, Linghang N. Rd., Dayuan Dist.,
Taoyuan City 337, Taiwan (R.O.C.)
TEL／（886）3-381-1618　FAX／（886）3-381-1620
MAIL: orangestylish@gmail.com
粉絲團https://www.facebook.com/OrangeStylish/

經銷商

聯合發行股份有限公司
ADD／新北市新店區寶橋路235巷弄6弄6號2樓
TEL／（886）2-2917-8022　FAX／（886）2-2915-8614

初版日期 2022年 10月